检察业务管理指导与参考

JIANCHA YEWU GUANLI
ZHIDAO YU CANKAO

最高人民检察院案件管理办公室 / 编

2025年
第2辑
（总第32辑）

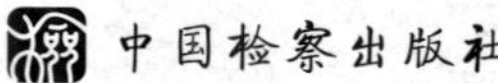

图书在版编目（CIP）数据

检察业务管理指导与参考. 2025 年. 第 2 辑：总第 32 辑 / 最高人民检察院案件管理办公室编. —北京：中国检察出版社，2025. —ISBN 978 - 7 - 5102 - 3287 - 9

Ⅰ. D926. 3 - 55

中国国家版本馆 CIP 数据核字第 20250S1U70 号

检察业务管理指导与参考（2025 年第 2 辑）

最高人民检察院案件管理办公室 编

责任编辑： 史世琦
技术编辑： 王英英
美术编辑： 徐嘉武

出版发行： 中国检察出版社
社　　址： 北京市石景山区香山南路 109 号（100144）
网　　址： 中国检察出版社（www. zgjccbs. com）
编辑电话：（010）86423736
发行电话：（010）86423726　86423727　86423728
（010）86423730　86423732
经　　销： 新华书店
印　　刷： 唐山玺诚印务有限公司
开　　本： 710 mm × 960 mm　16 开
印　　张： 10. 75
字　　数： 132 千字
版　　次： 2025 年 7 月第一版　　2025 年 7 月第一次印刷
书　　号： ISBN 978 - 7 - 5102 - 3287 - 9
定　　价： 40. 00 元

《检察业务管理指导与参考》
编 委 会

前言

2019年3月，《检察业务管理指导与参考》创刊，如一株破土而出的幼苗，根植于“四大检察”全面协调充分发展的“沃土”，伴随案管工作实践，在全国案管人的重视与呵护下茁壮成长，不断结出引领检察业务管理助推检察业务高质量发展的累累硕果。

《检察业务管理指导与参考》作为检察业务管理理论与实务研究的专门期刊，始终秉持的宗旨是，深化理论研究以指导工作，推介实务经验以供借鉴参考，理论与实务紧密结合，促进全国案件管理工作深入开展，为“四大检察”发展贡献案管力量。

我们致力于把《检察业务管理指导与参考》打造成案件管理理论创新的基地。深入学习贯彻习近平法治思想，革除不合时宜的观念理念，打破体制机制的制度性障碍，聚焦案件管理的基础理论、重大课题和制约案件管理创新发展的“瓶颈”问题，与时俱进创新案件管理理论，引领不断发展的案件管理工作实践。

我们致力于把《检察业务管理指导与参考》打造成实务经验交流的载体。鼓励实务探索，倡导凝练总结，将“三大监督”“四大服务”“管好管理”的生动实践，融入理性思考和理论升华，通过《检察业务管理指导与参考》这个平台晒出来、辩起来、推广开来，促进交流碰撞和思想解放，从而始终保持案件管理机制改革创新的源头活水，助推案件管理工作整体提升。

我们致力于把《检察业务管理指导与参考》打造成开阔案件管

理眼界的窗口。跳出检察业务管理的拘囿，加强中外司法管理的比较研究，汲取其他执法司法机关的业务管理理论成果，借鉴社会治理、现代企业管理的成功实践和创新理论，引导案管人打开眼界，拓宽视野，以“他山之石”，成案件管理之功。

《检察业务管理指导与参考》是案管人自己的刊物，记载着案管人的奋斗与追求、激情和汗水，更将描绘出案件管理工作的希望与梦想、今天与明天。案件管理理论研究，案管人使命在肩，责无旁贷。各地案件管理部门和广大案管人，既要重视、支持和参与撰稿投稿、编审征订工作，也要学好用好这个刊物，为案件管理工作助力、赋能。

理论启智心灵，实践创造非凡。让我们一起为案件管理工作铺一条光明的路，开满希望的花，结出丰硕的果。

目　录

权威解读

理论前沿

业务研究

专题研讨

权威解读

QUANWEI JIEDU

《人民检察院案件质量检查与评查工作规定（试行）》的理解与适用

石献智　郭　冰　黄　波*

目　次

* 石献智，最高人民检察院案件管理办公室副主任，二级高级检察官；郭冰，最高人民检察院案件管理办公室案件质量管理处处长，二级高级检察官；黄波，最高人民检察院案件管理办公室案件质量管理处副处长，二级高级检察官助理。

2025 年 2 月，最高人民检察院印发《人民检察院案件质量检查与评查工作规定（试行）》（以下简称《检查与评查规定》）。为便于理解与适用，现对《检查与评查规定》的制定背景、起草思路及基本内容等进行解读。

一、 制定的背景和过程

案件质量评查是精准评价个案质量、倒逼检察官提升办案质效的有效方式。2017 年 12 月，最高检印发《人民检察院案件质量评查工作规定（试行）》，对落实检察官办案责任制、加强对检察官司法办案的监督管理发挥了积极作用。新时期新发展阶段，最高检党组强调要让“高质效办好每一个案件”成为新时代新征程检察履职办案的基本价值追求。2024 年 1 月，最高检印发《关于加快推进新时代检察业务管理现代化的意见》（以下简称《意见》），要求探索建立办案人员自查、办案部门组织核查的案件质量检查工作机制。2024 年 10 月 15 日、16 日，最高检先后召开检委会、党组会决定“一取消三不再”，切实、真正把检察管理从简单的数据管理转向更加注重业务管理、案件管理、质量管理上来。在 2025 年 1 月召开的全国检察长会议上，应勇检察长再次强调，要推动构建检察业务“大管理”格局，探索由不同主体、不同层级，采用不同形式，各有侧重地开展检查评查，将检察官自查、办案部门核查、案件管理部门组织评查等结合起来，逐步做到“每案必检”。为进一步贯彻落实最高检党组的决策部署和《意见》的相关要求，贯通推进“三个管理”，最高检决定对 2017 年制定的规定进行修订。

最高检党组对修订工作高度重视，应勇检察长在全国检察长会议、地方调研和各种会议上多次强调，要将案件质量检查与评查作为加强检察管理、提升办案质量、落实司法责任制的重要抓手，加快建立和完善案件质量检查与评查工作机制。为做好相关修订工作，最高检案管办组建专班，全面收集各地材料，开展实地调研，多次征求地方检察机关和最高检各相关部门意见，多次召开专题会研究。2025 年 2 月 7 日，《检查与评查规定》经最高检党组会审议通过，自 3 月 1 日起试行。

二、 修订的指导思想和基本思路

研究制定《检查与评查规定》的指导思想是：深入贯彻习近平法治思想，落实党的二十大和二十届三中全会关于“深化司法体制综合配套改革”“落实和完善司法责任制”的重要部署，贯彻落实最高检党组会、检委会和全国检察长会议精神，建立健全“每案必检”工作机制，推动实现案件质量检查与评查常态化、规范化，一体抓实业务管理、案件管理、质量管理，促进“高质效办好每一个案件”，努力让人民群众在每一个司法案件中感受到公平正义。围绕这个指导思想，在起草规定时坚持目标导向、问题导向，重点把握以下几个方面：

一是以“高质效办好每一个案件”为价值追求，明确构建“大检查”体系。在检察业务“大管理”格局下，构建案件质量检查与案件质量评查相结合的“大检查”体系，推动各地检察机关建立健全“每案必检”工作机制，探索对办理的每一个案件由不同主体、不同层级，采用不同形式、各有侧重的案件质量检查与评查方式，着力实现案件质量检查与评查常态化、规范化。

二是以全面准确落实司法责任制为目标，明确相关部门的管理责任。坚持把宏观业务指导与微观案件质量检查评查统筹起来，把业务管理、案件管理、质量管理与落实和完善司法责任制有机统一起来，明确办案部门质量检查、案管部门统筹组织评查、检务督察部门定责追责、政工部门考核评优之间的衔接关系，从自我管理、专门管理到协同管理，在更高层次上实现权力与责任的平衡、放权与管权的统一、管案与管人的结合，形成管理闭环。

三是以问题为导向，优化检查评查工作机制。一方面，原则上对于办理的案件，承办检察官以外的人要有一次检查程序，同时也要防止叠床架屋、反复检查评查。把握好案件办理与案件质量检查的关系、案件质量评查与案件质量检查的关系、宏观业务质效管理与微观个案质量管理的关系。另一方面，优化完善评查制度机制，解决实践中存在的突出问题，如进一步明确等次认定原则与标准、实现重点评查案件“四大检察”全覆盖等，不断提高评查工作质效。

四是把制度设计与基层探索结合起来，为创新实践留有空间。按照应勇检察长“能明确的明确，不能明确的原则一点，为实践和基层探索留出空间”“简单的不一定是最好的，最好的一定是简单的”的指示要求，根据实际需要，对检查评查基本问题作出统一规定，以引领、规范各级检察机关开展工作。同时，考虑到各地情况差异较大，许多问题还需要探索实践，在具体规定上又为探索创新留有空间。

三、 修订的主要内容

修订内容主要包含三个方面：一是落实最高检党组对检察工作高质效发展的新要求、新指示，补充完善相关内容，如专门增加案件质量检查一章。二是关注最高检印发的新文件、新规定，补充完善相关内容，对与其他规范性文件不一致的内容进行修改，如参照《人民检察院司法责任追究条例》，对案件质量检查与评查结果运用等提出要求。三是针对实践中出现的新情况、新问题作出相应修改，如扩大应当逐案重点评查案件的类型范围等。

（一）关于文件名称

落实《意见》提出的“对已办结的案件，探索建立办案人员自查、办案部门组织核查的案件质量检查工作机制”的要求，增加了“案件质量检查”章节。考虑到案件质量检查是一项全新的工作机制，需要在实践中总结经验、不断完善。经研究，决定可以先做试行，为实践和基层探索留出空间，因此文件名称确定为《人民检察院案件质量检查与评查工作规定（试行）》。

（二）关于文件体例

增加案件质量检查的相关内容作为第二章，将2017年规定中的第二、三、四章合并为第三章“案件质量评查”，调整后共四章三十九条。第一章“总则”，共八条，明确本规定的目的意义、概念内涵、工作原则、工作要求、司法责任落实等；第二章“案件质量检查”，共五条，明确检查主体、检查方式、检查内容和标准、发现问题处理及结果运用等；第三章“案件质量评查”，共二十三条，明确评查组织主体、评查内容与标准、等次认定、评查程序，以及与办案部门、检务督察部门衔接等；第四章“附则”，共三条，规定省级院的细化实施、解释主体、文件效力等。并附《评查结果通知书》及《个案评查报告》等模板。

（三）关于第一章“总则”

1. 进一步深化目的意义。根据最高检党组对检察工作高质效发展的新要求，增加“全面准确落实司法责任制”“一体抓实业务管理、案件管理、质量管理，促进高质效办好每一个案件”等内容。

2. 明确案件质量检查和评查的概念。规定案件质量检查，是指对人民检察院办理的案件，依照法律和有关规定，由办案部门在归档前对办理质量进行检查的活动。考虑到 2017 年的规定已施行 7 年，各方面已基本适应和认可原有的评查概念，本次修订未作较大调整，案件质量评查是指对人民检察院已经办结的案件，依照法律和有关规定，对办理质量进行检查、评定的活动。

3. 明确工作总体要求。明确在检察业务“大管理”格局下，构建案件质量检查与案件质量评查相结合的案件质量“大检查”体系。要求各级人民检察院应当建立健全“每案必检”工作机制，并提出上级人民检察院应当加强对下级人民检察院案件质量检查与评查工作的指导、监督。

4. 明确将质量检查与评查结果纳入检察官考核评价。规定案件质量检查与评查结果应当作为评价检察官办案业绩和能力、水平的重要依据。

5. 明确落实司法责任制。规定在案件质量检查与评查中，发现办案人员可能存在违反检察职责行为，需要追究司法责任的，应当移送本院负责检务督察的部门依照相关规定处理。

修订过程中，有地方建议明确各级检察院应当设立案件质量检查与评查工作领导小组，以加强检查评查工作的统一领导。评查实践中，确实有一些地方成立了评查工作领导小组，负责组织领导和统筹谋划评查相关工作。但也有意见提出，不宜硬性规定必须成立某种机构，只要明确检查评查工作在检察长统一领导下、由相关部门组织开展即可，不成立专门机构不影响工作开展，是否成立检查与评查工作小组、采取何种方式检查评查，建议在实践中把握。经研究，未对成立检查与评查领导机构作硬性要求，各地可以结合实际设立。

（四）关于第二章“案件质量检查”

本章为新增内容。作为一项新的工作，实践中关于质量检查规定到什么“颗粒度”存在不同的声音。有的建议，多一些可操作性和具体指引性内容。也有的认为，可以原则一些，过于具体会束缚地方开展检查工作，建议给地方探索实践留一些空间。结合两方面意见，规定对检查工作主要事项作原则性要求，办案部门可以结合实际进行探索实践。

1. 明确检查主体和检查时间。《意见》要求，对已经办结的案件，探索建立办案人员自查、办案部门组织核查的案件质量检查工作机制，作为案件归档前的必经程序。根据《意见》，规定办案部门为案件质量检查主体，由办案部门组织实施，为案件归档前的必经程序，这也是对办案部门作为管理主体对本部门案件质量管理责任的强调。考虑到《人民检察院组织法》规定主办检察官也有相应的管理责任，故明确“主办检察官可以对检察官办案组办理的案件开展案件质量检查”。同时明确“办案人员应当对所办案件质量开展自我检查”，这也是检察官加强自我管理的基础要求。

关于检查时间，起草过程中有不同意见，有的提出为避免与司法责任制冲突，建议区分办案人员自查和办案部门核查的不同时间节点，办案人员自查为“案件办结前”，办案部门核查一般在“案件办结后归档前”。也有的认为，案件质量检查的时间从什么时候开始可以不用明确，明确为“归档前”完成即可。经研究，对检查时间作了原则性规定，明确案件质量检查工作为案件归档前的必经程序。何时启动检查、以什么形式开展检查，各地在实践中可以结合实际进行探索，做好办案人员自查和办案部门核查的工作衔接。

2. 明确检查方式。考虑到办案实践情况复杂，各地差异性也比较大，规定办案部门可以根据案件类型、适用程序、复杂程度等情况，通过专人检查、重点检查、专项检查等方式组织开展案件质量检查。同时，为强化检查人员质量检查的责任意识，规定参与检查的人员应当在职责范围内对检查工作质量负责，并承担相应的责任。总的来讲，开展案件质量检查，可以不拘泥于某种特定的方式，关键看是否有利于发现案件质量问题，是否有利于提升办案质效，各地可以探索、尝试，找到适合本地的好用、管用的检查方式。

3. 明确检查标准和内容。参照《意见》对案件质量检查的相关要求，同时考虑文件的简洁性，规定开展案件质量检查，应当以法律法规、司法解释、有关办案规定等为依据，重点对事实认定、证据采信、法律适用、释法说理以及遵守办案程序等进行全面检查。办案部门可以制定本部门、本业务条线案件质量检查标准，进一步规范推进质量检查工作。

4. 明确检查发现问题的处理。综合考虑案件质量检查发现问题的复杂性和严重程度，对不同情形进行分类处理。一是存在办案程序不规范或事实认定、证据采信、法律适用、文书制作的轻微差错，不影响案件处理决定的，承办人应当及时补正或者作出说明；二是在事实认定、证据采信、法律适用、办案程序等方面存在严重差错，影响案件处理决定，需要予以纠正的，应当提出拟处理意见，按照有关规定报请检察长或者检察委员会决定；三是案件办理存在的问题可能引发舆情或信访的，承办人应当进行风险评估、做好处理预案，并及时向相关部门报告，妥善处置。概括起来，对发现的问题，要及时纠正补正，尽量把问题解决在前端，如果确实无法纠正补正的，也要妥善处理，最大化消除负面影响。

5. 明确检查结果运用。《意见》要求，对于质量检查以及专项检查评估中发现的突出问题，要提出改进和加强工作的具体措施，促进办案质效提升。本次修定对此予以强调，要求办案部门应当加强对本部门、本条线案件质量检查情况的分析总结，对发现的普遍性、典型性、倾向性问题，及时提出改进和加强工作的具体措施，促进提升办案质效。

（五）关于第三章“案件质量评查”

案件质量评查工作在实践中已经较为成熟稳定，相较于案件质量检查部分，条文规定较为具体，主要是根据检察工作的新发展、新形势，结合评查实践中出现的新情况、新问题，对评查组织主体、评查程序、等次认定、结果运用等内容进行了修改完善。

1. 修改评查组织主体。起草过程中，对评查组织主体有不同意见，有的建议按照原来的规定，评查工作由案件管理部门统筹组织实施，案件管理部门和办案部门可以分别或共同组织开展。也有的建议，由案件管理部门统筹，案件管理部门会同相关办案部门共同组织实施。经研究，规定案件质量评查一般由案件管理部门统筹组织，会同办案部门共同开展。同时明确，办案部门可以根据工作需要单独或者与案件管理部门共同组织开展专项评查、随机选取案件进行评查。各地要在检察长的统一领导下，发挥好案管部门的统筹组织作用和办案部门的专业特长，做好案管部门与办案部门的分工协作，确保评查活动顺利开展。

2. 增加应当逐案评查的重点案件范围。《意见》要求，对批准或者决定逮捕后作不起诉处理案件、提起公诉后又撤回起诉案件、人民法院判决无罪和免予刑事处罚案件进行逐案评查。起草过程中，有的提出，重点评查案件中主要为刑事案件，建议将民事、行政、公益诉讼等案件也纳入重点评查案件范围。经研究，规定列举了六类需要逐案重点评查的情形，增加了民事、行政、公益诉讼检察等案件类型，实现逐案评查的重点案件“四大检察”全覆盖。此外，为进一步提高对逐案评查案件的评查质效，更加客观、公正，明确规定应当逐案评查的重点案件应当由设区的市级及以上检察院组织开展评查。同时考虑到，与案件质量检查工作的衔接以及部分案件可能存在较为复杂情形，将评查时间从原来规定的案件办结后或者发现问题之日起三个月内完成，调整为四个月内完成。需要说明的是，要正确看待逐案评查案件，列入逐案评查范围的案件不等于一定存在质量问题，也不代表必然比其他案件问题多。实践中有些同志认为这类案件都是有问题的案件，这种理解是不正确的，正是因为不知道有没有问题，为了更好地区分责任，才需要逐案进行评查。这样，一方面能够更好地把控这些案件的质量，另一方面也更有利于明确办案责任，特别是对评查后认定没有问题的，对办案人员也是一种保护。

3. 完善等次认定的标准。修订过程中，有的建议进一步细化和明确等次认定标准，为此作了部分调整：一是进一步细化瑕疵案件的认定标准，规定为“在实体、程序、文书或者办理效果等方面存在较为严重的质量问题，或者办案存在多处不规范，但未造成严重后果或者严重不良影响，处理结论正确”；二是进一步细化不合格案件的认定标准，规定为“认定事实错误或者事实不清造成处理结果错误，或者适用法律不当造成处理结果错误，或者办案程序严重违法损害相关人员权利等造成严重后果或者严重不良影响”。同时强调，对于瑕疵案件和不合格案件，应当结合问题性质、问题数量、严重程度、客观后果等，准确进行评判。各地可以结合实际，进一步细化认定四种结果等次需要重点审查和关注的情形。

4. 增加评定等次的特殊情形。为体现案件质量评查主客观相一致原则，参照《人民检察院司法责任追究条例》，结合征求意见情况，新增七项不宜评定为瑕疵案件、不合格案件的情形。除第六项“因工作机制不健全等原因，造成案件办理出现不规范问题的”外，总体要求和列举的具体情形与司法责任追究条例中的相关规定基本保持一致。

5. 完善评查工作程序。为保障被评查单位和办案人员对评查意见的异议权、救济权，结合评查实践和征求意见情况，规定对提出的评查意见，要听取被评查单位、办案人员意见。被评查单位、办案人员对所提异议没有被接受仍有不同意见的，以及拟确定的评查结果，应当报请检察长或者检察委员会决定。需要指出的是，这里“拟确定的评查结果”包括拟评定的优质、合格、瑕疵和不合格等次案件。

6. 规范撰写个案评查报告。调研发现，有的评查案件未制作个案评查报告或者制作不规范、不统一。征求意见时，有的建议对个案评查报告进行规范。但也有意见提出，对于评查后没有问题的案件，也不宜过于繁。经研究，规定对于重点评查、专项评查和随机评查的案件，应当形成个案评查报告，并附评查报告模板，规范撰写格式，但明确评查为合格案件的可以简写，各地可结合实际参考适用。

7. 增加评查与流程监控衔接。为鼓励检察官主动整改、规范办案，将案件流程监控情况纳入案件质量评查的范围，规定对已经在流程监控中及时整改且未产生严重影响的问题，不再作为评查发现问题进行评价。

8. 增加评查与检查工作衔接。为鼓励办案部门开展案件质量检查工作，及时纠正问题，规定明确办案部门在案件质量检查中已经对发现的问题及时纠正整改的，在评查确定等次时应当予以综合考虑，问题较轻且未导致案件错误处理的，一般不作为评查问题进行评价。

9. 完善评查结果运用。一是参照《人民检察院司法责任追究条例》，明确不合格案件的评查报告抄送本院负责检务督察的部门，推进落实司法责任制。二是做好评查结果与考核衔接，对评定为不合格的案件，经相关部门依照程序认定应当承担司法责任的人员，该情形作为个人考核的重要参考。同时明确，评查发现的优秀法律文书、典型案例，以及办案业绩突出的单位、个人，办案单位、政工人事等部门可以按照相关规定给予表彰奖励。

10. 增加对评查工作的监督管理。为加强对下级人民检察院案件质量评查工作的监督管理，规定上级人民检察院可以对下级人民检察院评查的案件开展复核，认为评查结果错误的，应当予以变更或者要求重新评查，进一步压实评查责任。

四、 理解和适用《检查与评查规定》需要把握的几个问题

（一）正确把握案件办理与质量检查之间的关系

起草过程中，一些地方提出，开展“每案必检”，会较大增加基层办案人员的工作量。研究认为，《意见》第 21 条明确提出探索建立案件质量检查工作机制，这是加强办案部门自我管理的重要手段，也是检察“大管理”格局中案件质量评查的有益补充，是推进宏观管理与微观管理相结合的重要举措，有必要建立相应的制度。

当然，作为一项新制度，尚处在初创阶段，文件修订时充分考虑了各方面的意见建议，规定对办理的每一个案件，探索由不同主体、不同层级，采用不同形式、各有侧重的案件质量检查与评查方式，并对检查主体、检查方式、检查标准与检查内容等作相对原则的规定，给实践探索留有空间。一般办案人员的自查融于案件的办理过程中，在案件办理的每一个环节都应该有自我检查的意识，将质量问题解决在“检察产品”出厂之前。基于这样的理解，办案人员逐案自查并没有额外增加办案量，而是将本就应该履行的责任进一步突出强调。办案部门的检查可以根据案件的具体情况，对检查主体、时间、范围、力度等进行分层分类的细化，原则上办理的每个案件，都有一次检查，办案部门不重复开展质量检查，比如授权主办检察官对检察官办案组办理案件开展案件质量检查的，办案部

门可以不再检查。对于报请检察长或检察委员会审批决定的案件，考虑到案件办理已经过审核、审批等多个环节，对案件的实体、程序进行了把关。这部分案件的检查方式，各地可以根据实际把握。总的来说，就是既要充分保障案件质量，也要尽量做到程序简便，同时又有检查实效。

（二）正确处理质量检查和质量评查之间的关系

起草过程中，有的地方担心既要检查又要评查，会增加基层工作负荷，导致一案多查、过多过频，需要妥善处理好检查和评查的关系。研究认为，质量检查与质量评查互为补充，是《意见》确立的健全完善业务评价体系的两大重要举措，都是对个案加强微观质量管理的重要方式。案件质量检查更加强调办案部门的自我管理，检查的目的是及时发现和补正纠正问题，加强针对性业务指导，工作要放在日常，放在办案过程中，也不需要评出等次。案件质量评查主要是对已经办结的案件进行质量检查、评定，重在“事后”，既要准确发现个案质量问题，准确评定质量等次，又要深入剖析问题原因，找准症结，推动解决影响办案质量的问题，还要与司法责任制落实有序衔接，将“管案”与“管人”有机结合。

建立“每案必检”机制，关键是如何实现案件质量检查与评查之间的衔接与平衡，这就要求加强一体谋划、合理分配责任、加强两个机制的衔接。修订过程中，也充分考虑工作实际，在强调办案部门开展检查的主体责任和工作要求的同时，一方面，适当把握评查案件数量，将评查工作聚焦于对特定案件的逐案评查和适度范围内的抽样检查，这样既可以检验办案部门自我检查的质量，又将评查控制在合理范围内；另一方面，又明确对属于应当逐案评查的重点案件或者已经开展案件质量评查的案件，办案部门可以不再进行质量检查。

案件质量检查与评查工作机制，是检察机关案件质量管理模式的重要探索与创新，实践中鼓励各地在协同推进案件质量检查和案件质量评查工作上大胆探索，找出“最优解”。

（三）加强对案件质量检查与评查的数智赋能

案件质量检查和评查工作离不开信息化、智能化的辅助，数智赋能是推进“每案必检”的重要支撑，《检查与评查规定》第 6 条规定，案件质量检查与评查工作可以依托检察业务应用系统，利用现代信息技术手段辅助开展。负责案件管理的部门在这方面的经验和成果相对丰富一些，比如一些地方不同程度地运用流程监控、质量评查系统，梳理了数字化监控的规则，有的地方在运用文书要素提取、智能比对等评查辅助工具，这些都是对办案质量检验规律的归纳总结，大部分的规则和功能在案件质量检查中同样可以参照适用，可将其打造成为检查评查通用的辅助工具。同时，信息化和智能化要与时俱进，积极回应检查与评查的现实需要，提供更丰富、全面的检查工具，设置更加方便快捷的流程，做好检查、评查的流转衔接，努力探索建立数智检查与评查的新模式。

理论前沿

LILUN QIANYAN

检察管理的重构逻辑与现实进路

谷东芳　王　芸　何　群　李佳睿*

目　次

* 谷东芳，辽宁省鞍山市人民检察院党组书记、检察长，二级高级检察官；王芸，辽宁省鞍山市人民检察院综合业务部主任，鞍山市铁西区人民检察院副检察长，四级高级检察官；何群，辽宁省鞍山市人民检察院综合业务部副主任，一级检察官；李佳睿，辽宁省鞍山市人民检察院综合业务部科员，四级检察官助理。

（五）以迭代升级、数据融合作为检察管理的新动能

“管理的最终目的是实现组织目标”①，组织成员按照组织目标正确地开展各项工作，检察管理亦是如此。检察工作具有明显的社会性，不同于企业流水线生产的标准化、模式化产品。“检察业务管理绝不仅仅是几个数据的管理，而是业务、案件、质量的综合管理、全面管理”②，更是运用相关知识技能对检察机关司法办案等活动进行领导、决策、组织、监管的体系化过程。由此可见，高效、科学的检察管理是推进检察工作高质量发展的制度支撑，是实现检察资源最优配置的关键途径，是推动检察权公正、规范、高效运行的重要保障。

一、检察管理的内涵重构

（一）着眼于理念之“新”

检察管理是体系化工程。从管理学视角来看，管理的重点是人和人的行为。具象至检察工作，则是既管好办案活动，又管好办案的人，这是检察管理的一体两面，也是业务管理、案件管理、质量管理的最终目标。实践中，检察管理是由政治建设、服务大局、业务建设、队伍建设、政务保障等若干子系统构成的复杂体系，为保障业务、案件、质量而有效运行。因此，“三个管理”是科学、高效的管理方法在检察工作中的实践创新，为检察管理体系发展提供了支撑与指引。

注重检察管理是高质效检察履职的应有之义。作为执法司法活

① 厉伟等编著：《管理学》，南京大学出版社 2017 年版，第 5—6 页。

② 董凡超：《检察机关“一取消三不再”，如何看怎么办》，载《法治日报》2024 年 11 月 14 日第 5 版。

动参与者，检察机关通过直接、全面参与司法活动，强化对司法活动、诉讼活动的制约监督，答好新时代新征程党对检察工作提出更高要求的“必答题”。服务大局与监督办案的关系，本质上是检察工作“自转”与“公转”的关系，在理论形态上，亦属于手段和目的之间的价值联系，即根据社会发展要求，不断迭代出新，消除非“优化”的要素，全面提升检察管理优质效能。

（二）实现各要素的最优组合

从价值导向上看，应当树立和践行正确政绩观。最高检不断强调要下决心取消一切不必要、不适当、不合理的考核，严格遵循司法规律、检察工作规律，切实把“有质量的数量”和“有数量的质量”统筹到更加注重质量上面，坚决纠正唯数据、唯指标，甚至“数据注水”“反管理”行为。

从实践操作上看，要保障和推动“严格依法办案、公正司法”。要引导检察人员要更加聚焦法律监督主责主业，通过一体抓实业务管理、案件管理、质量管理，打造系统集成、协同高效现代化检察管理体系，产出具有本地特色的“检察产品”。

（三）科学处理好“以新促质”“以质带新”的协同演化

坚持问题导向。“高质效案件是办出来的，也离不开科学管理。”① 针对检察工作中的突出问题短板和难点堵点，从管理机制上找漏洞、找差距，整改监督质效不高、监督不力、监督不规范等具体问题，举一反三、反向审视，将成熟做法制度化、体系化、规范化，不断改进和提升管理水平。通过发现和解决个案问题，最终保

① 《着力解决影响“高质效办好每一个案件”的深层次问题》，载《检察日报》2024 年 9 月 23 日第 1 版。

障和促进高质效办好每一个案件。

坚持目标导向。在工作引导、业绩评价等方面，以检察管理的提升推动“四大检察”全面协调充分发展。通过实化审核监管加强对“权”的管理，强化流程监控和案件质量评查加强对“案”的管理，细化业绩评价加强对“人”的管理，做到“放权”与“管权”并重、管案与管人结合，引导检察人员不断深化对“三个管理”的理解、认识、运用，推动做到“三个善于”。

二、 检察管理存在的问题及原因剖析

（一）管理主体职责定位不清晰

管理的重要性体现在社会价值，“科学管理的目的是提高管理效率，实现管理效果”①，而检察管理也应当遵循管理活动的基本价值标准。长期以来，检察机关的管理职能仅简单依据工作属性分为辅助性管理、事务性管理，管理质效明显偏低。

1. 不会管理。实践中，个别检察机关缺乏管理意识，重案件办理，忽视案件管理；有的院将检察管理当成案管部、办公室或政工部的“专职”业务，自我管理缺位，没有形成全员、全流程管理体系，未做到将核心目标、工作任务细化分解、高效落实。

2. 不善管理。检察管理职责缺少清晰的界定和规范，重视阶段性管理，忽视全流程管理；重视事务性管理，忽视业务管理、案件管理、质量管理；侧重于个案的监督管理，忽视宏观业务指导管理。

3. 不愿管理。检察管理主体间协调机制不完善，部门之间常以“办案”为由，对事务性工作、综合性工作相互推诿，或者简单应

① 荣志海、罗成章：《科学管理理念在检察机关案件管理中的应用研究》，载《检察业务管理指导与参考》（2024 年第 2 辑），中国检察出版社 2024 年版。

付，普遍存在业务管理与办理、管案与管人、放权与管权衔接缺位，监督管理结果运用不充分的问题，严重影响检察管理的质效。

（二）管理目标价值导向不明确

对于检察机关而言，应当通过履行内部监督制约、规范检察权运行等方式，统筹处理好自我管理和部门管理、专门管理和协同管理以及业务管理、案件管理和质量管理之间的关系。实践中，检察管理的缺位导致对案件办理的监管流于形式，执行力大大降低，工作成效受阻，严重影响案件的整体质效。具体表现在以下几个方面：

1. 管理理念滞后。部分检察机关还存在“重办案、轻监督”的现象，就案办案、机械办案的情况还不同程度存在，对管理与办理、管案与管人、放权与管权缺乏基本研究，思想僵化、固步自封，综合履职能力不足。

2. 管理层层失守。通常表现为只顾埋头审查办案，履行监督职责意识不强，对监督效果不关注，诉讼监督职能衔接不畅，没有形成监督合力。导致多层级统筹不够、上下联动不足，业务管控无序，各项机制之间未形成有效衔接、高效联动的监督体系；议事决策组织把关作用虚置，规避司法责任承担，对下指导不担当不作为。

3. 管理效能低下。实践中，个别检察机关因缺乏大数据统筹意识、数据辅助决策能力，导致存在信息资源整合度低的“信息壁垒”现象。智能应用水平不足，依靠人工填录审核测算，效率低下，占用了大量办案时间，日常指挥调度缺乏及时性、针对性，与“高质效办好每一个案件”的基本价值追求不匹配。

（三）管理制度体系不健全

在国家监察体制改革、检察机关内设机构改革、认罪认罚从宽制度改革、捕诉一体化改革等多重改革叠加的背景下，各基层检察机关在履职办案过程中，逐步建立了相关制度机制，基本保障了检察权依法规范正确行使。但这些制度机制还存在顶层设计、统筹谋划不足的问题，整体缺乏系统性、精细化，还没有建成职权明晰化、履责规范化、追责系统化的闭环监督体系。具体表现在以下几个方面：

1. 案件质量评查效果不彰。在评查本院所办案件时，往往不敢评、不真评，评查效果有限，标准不统一、程序不规范、救济不畅通，甚至评查主体不合规，严重影响评查结论的严肃性，无法实现个案纠错与类案质效提升的目标。

2. 检察官联席会议辅助决策作用不足。从实际运作看，提交讨论的议题范围不明确，员额检察官缺少亲历性，提出的问题缺少针对性，会议讨论的质量普遍不高，过滤参考把关功能发挥有限。

3. 检察人员“三全”考核不实。实践中，“习惯于传统的‘大锅饭’办案考核方式”①，担心“三全”考核暴露问题、引发矛盾，抵触开展；考核指标过于原则，主观随意性较强，无法量化检察工作，或者指标设定过于细致烦琐，大量增加“考累”，没有达到公允评价不同部门之间、三类人员之间的工作质效的目标。

4. 上级院对下级院业务指导不到位。实践中，鉴于请示案件范围有限、程序烦琐、办理周期长，且缺少规范性文件进一步细化流程，存在下级院随意请示、规避办案责任，上级院模糊受理标准、办案意见针对性不强、无明确答复意见或以“司法责任制”为由拒绝受理请示、报告，上下级院就指导意见“扯皮”、办案责任难以认定等问题，影响了检察职能一体化发挥。

---

① 焦成千：《理性与韧性：破解检察官业绩考评之难》，载《检察日报》2020年7月20日第1版。

三、重构检察管理制度的具体思路与建议

落实好"一取消三不再"、一体抓实"三个管理"的要求，不是放任"躺平"，而是以高质效检察管理促推"高质效办好每一个案件"，强化对司法活动和诉讼活动的制约监督，这是检察机关法律监督职责的内在要求，也是保障和促进社会公平正义的应有之义。

（一）以政治过硬、目标明确作为检察管理的理念导向

1. 必须坚持正确的政治方向。"政治能力是第一位的能力。"①"从政治上着眼、从法治上着力"，方能保持管理方向不偏离、管理理念不守旧、管理方法不走样。始终坚持以政治建设为统领，持续擦亮新时代新征程检察机关的鲜明政治底色。在检察官、检察辅助人员、司法行政人员的管理使用中，突出政治素养与业务水平全面过硬的评价标准，用高效的检察管理科学评价引导人才成长。依托中国政法大学、检察官学院等专业平台，采取"请进来教+走出去学"的形式，为干警提供高层次、沉浸式专业培训，让更多优秀人才获得学习机会，进一步夯实政治信仰，筑牢检察工作高质量发展根基。

2. 必须彰显法治担当。"高质效办好每一个案件、每一个环节"既是目标也是标准，应当始终围绕中心、服务大局，聚焦法律监督，以让人民满意成为检察管理的出发点和落脚点。落实全面振兴新突破三年行动决胜之年工作目标，锚定新时代"六地"重要支撑区定位，依托"违规异地执法和趋利性执法司法专项监督"行动，

① 《着力解决影响"高质效办好每一个案件"的深层次问题》，载《检察日报》2024年9月23日第1版。

着力构建上下一体、统分结合的服务保障体系，凸显两级院联动护航经济发展“矩阵效应”。准确把握罪与非罪，依法纠治以刑事手段插手民事经济纠纷，加强对各类经营主体的依法平等保护，积极营造公平竞争、诚实守信的营商环境。

3. 必须加强对司法活动的监督，以高质效法律监督促进执法司法权力依法正确行使。检察机关的法律职能特征必然要求检察管理理念、管理能力、管理方式的全方位提升，也必然会通过法律监督职能将“高质效”的标准传导至其他执法司法机关，通过履职形成“高质效”的司法办案共识。这既是检察机关法律监督职责的内在要求，也是保障和促进社会公平正义的应有之义。

4. 必须锻造高素质专业化检察队伍。检察队伍建设是基础性、战略性工程。推动“选育管用”一体推进，着力培育领军型、高层次人才，拓展检察官助理发展空间，畅通司法行政人员发展通道，优化雇员制检察辅助人员管理；落实“检学研”一体化机制，促进检察理论研究、业务培训、实践锻炼深度融合，积极推进学习型、研究型检察机关建设；一体加强党的政治建设、领导班子建设、人才队伍建设、专业能力建设、职业保障建设和纪律作风建设，以更高履职要求锻造新时代检察铁军。

（二）以体系完备、科学规范作为检察管理的运行支撑

检察管理作为系统工程，必然要求全方位、体系化的制度建设，以增强管理的体系性、全面性、协同性。而管理始于流程、成于精细，应当着眼于“管案、管人、管用”，推动宏观管理。用好“管案”的工作机制，以正确的政绩观统筹质、量、效。用实“管人”的激励措施，激发内生动力。用足“管用”的赋能手段，以业务管理智能化促进高质效办案。

1. 体系完备。在宏观层面建立涵盖目标任务、指导原则、工作

举措、考核评价、组织领导等工作体系；在中观层面建立整体统筹、上下一体、指导有力、协作配合、统一进程的管理运行机制；在微观层面建立涵盖业务建设、队伍建设、政务建设等检察工作各环节的管理流程。

2. 运行高效。“管理工作是一个协调活动的过程。”① 在管理过程中要注重整体管理达到质量好、效率高、效果佳的现实目标，需要全体检察人员共同参与，通过各项管理机制的协调互补、统筹联动，业务职能的耦合、系统信息的融合、检察权闭环可控运行，减少各项检察工作中的重复劳动和“内卷”，处理好“秩序”与“活力”的关系，以管理赋能，用管理激发检察队伍内生动力。

3. 构建管理体系。实践中，以践行机制现代化为牵引，以检察管理制度完善为平台，以检察权运行有效制约和监督为目标，在最高检、省院规范性文件的基础上，围绕履职办案，梳理完善本地区的检察管理制度。从全面准确落实司法责任制、加强横向协同监督、强化对下司法办案监督指导三个角度，完善重点案件甄别监管、指定分案、请示报告、优案选育四个维度进行规制，为全地区正确处理好业务管理、案件管理、质量管理的关系提供必要的制度指引。

（三）以守正创新、勇于突破作为检察管理的实践方式

1. 着眼于“评查、核查、督查”，推动微观管理到个案。通过精准的制度创新和有效的制度供给，确保检察权依法正确行使。

一是注重案件质量评查。完善案件质量检查评查制度，除上级院明确的类型外，将复议复核改变原决定、减假检察意见未获支持、国家赔偿、诉判不一等影响检察质效案件的 12 类案件纳入重点

---

① 厉伟等编著：《管理学》，南京大学出版社 2017 年版，第 5—6 页。

评查范围，逐案评查，实行“即出即评即报”。基层院在 15 日内完成自评、市院在 1 个月内完成复评，两级检察机关评查意见均需经过本级检委会审定。深化案件评查通报制度，从司法理念和办案能力、刑民交叉案件追诉界限等角度分析问题，把结果运用的侧重点放在转换为办案指引上。

二是注重案件归档核查。强化办案部门和检察官对案件的管理自觉，制定刑事案件“标准卷”范本，涵盖各阶段的应制作文书及常见问题提示，作为案件办理中、归档前的“模板”和“标尺”，提升办案标准化、规范化、精细化水平。同步建立案卷归档前检查核查制度，加强条线指导，一体推动自我管理、接受管理，实现有效管理。

三是注重案件办理督查。深化检察业务管理与其他各项管理协调配合、一体推进的管理模式和管理机制，重点做好案管部门与办公室的联合督办、与检务督察的联合专项督查、与政治部门的联合考核。对办案、评查问题责任到人，建档记录、依规问责，实行办案、评查同责，用“划底线”全面压实司法责任。从而“实现对‘案’的评价与对‘人’的考核同向发力、互促共进”①。

2. 着眼于“事前、事中、事后”，推动中观管理到类案。做到“放权不放任”“约束而不失活力”。

一是把好“事前”案件分配关。深化认识“检察长在检察业务管理中处于统领地位”的要求，制定实施重点案件甄别监管、指定办理，对影响质效的各类“不放心”案件，要交由“放心的人”去办，实现案件质效源头靶向治理。

二是把好“事中”案件办理关。加强案件办理的全流程监控，

---

① 《案件质量评查要坚持高质效导向》，载《检察日报》2024 年 10 月 28 日第 1 版。

完善检察官联席会议和检委会制度，发挥其对案件事实认定、法律适用的参考或决策作用。实行重点案件请示报告工作制度，推行实体把关、程序规制，全面监管社会效果、风险防控。落实“应听证尽听证”要求，对规定“可以”听证的案件，进一步明确为“以听证为原则、检察长审批不听证为例外”，以提高听证效能。

三是把好“事后”案件审视关。健全以刑事案件为代表的出入口管理办法，制定必查清单，严控办案流程，强化结案审核。注重类案剖析，完善执法标准定期会商制度，推动“自转”“公转”契合。深化反向审视，建立优秀案例常态化培育选用办法，启动市级优秀案例评选工程，为同类案件办理提供示范指引，以“树标杆”全力构建标准体系。

3. 持续改进与检察实践不相适应的思维定式。运用法治思维、法治方式进行管理活动，做到在扬弃中吸收应用、创新发展，减少制度运行中的“摩擦成本”，不断解决社会治理需求多元化与“检察产品”供给不全面、不充分的矛盾。

一是依托“违规异地执法和趋利性执法司法专项监督”行动，在现行法律框架下，畅通“四大检察”案件信息共享机制，对刑民交叉、行刑交叉及涉公益诉讼案件线索专项管理，整合侦查监督、审判违法、公益损害等关键信息，避免重复调查，增强类案办理能力，实现“穿透式法律监督”效能跃升。

二是依托“公益损害与诉讼违法举报中心”有效运行，理顺刑事、民事、行政领域的法律政策界限，建立刑事指控犯罪与刑事附带民事、行政公益诉讼综合审查模式，对知识产权、环境污染、占用耕地类案件在各领域是否存在违法情形进行全面审查，提升综合履职质效。

三是兼顾治罪、治理有机融合。用实线上“检察长信箱”“12309 网上服务平台”，畅通群众利益诉求反映渠道，深挖检察监督线索，助推案源结构比优化的同时，实现检察管理末端校验，构建工作整改闭环。

（四）以办案质效的评价反馈作为检察管理的内生动力

实践中，探索测算业务部门案件权重，统筹难易系数、权重占比、总数个量、人员配置，实现单位、部门、条线业绩的“可比化”“可视化”，成为评价标尺。

1. 业务管理的重点是态势管控。业务管理要着眼于全局，增强系统观念，树立“大管理”格局，切实改变简单依赖数据进行考核管理的惯性思维。探索使用“案编比”衡量各单位工作量，用“优案率”和“劣案率”衡量各条线办案质量，合理区分“干多干少不一样”“干好干坏不一样”。从宏观上调控指导下级院各项业务工作，更好地遵循司法规律，避免“放任”“躺平”，进一步优化、转变管理模式，充分释放检察业务管理现代化的整体效能，支撑和保障检察工作高质量发展。

2. 案件管理的重点是过程管控。在流程监管中，加强对案件在受理、流转、办理、结案等各个环节办案流程的监管闭环，确保案件在法定限期内高效办结，防止“积案”“挂案”。在实体监管中，要明确各办案主体法定职责，强化对检察履职办案的各环节、全过程的监督管理，形成“确权—控权—明责—追责”责任闭环。重视各院案卡填录质量，做到权力与责任对应、放权与管权统一、管案与管人结合，促进检察权公正、规范、高效、廉洁运行。

3. 质量管理的重点是结果管控。探索将无罪、撤回起诉、捕后不诉、免刑案件，自侦案件不起诉和撤销案件，公益诉讼撤回起诉及法院不予支持案件等10类案件设置为重点关注案件①，通过上述案件数量与案件总量的比值评价各院关注案件的发生概率。将案件质量评查、反向审视和司法责任追究融入案件质量监管体系，通过源头管控、质量评查、纠正整改等方式严格把控“检察产品”质量，促进检察办案程序更加规范、办案质效更加优良、办案效果更加精准，不断提升检察管理的优质效能。

（五）以迭代升级、数据融合作为检察管理的新动能

在信息化、数字化时代大势下，以“数字革命”赋能法律监督提质增效，推动检察管理发展。

1. 注重数字检察赋能。数据的价值在于应用，应用价值最大化在于共享。以全国检察业务应用系统为基础，积极运用检法协作机制、侦协办机制，利用好政法跨部门协同办案平台，协调获取数据，推动内部信息横向纵向交流，打通“数据孤岛”。让数据和线索的交流实现自动筛选、流转、应用，实现案件信息数字化生成，在文书、笔录制作之初就进行数字化生成，为数据深加工、深碰撞、深挖掘夯实基础，实现办案流程的数字化构建。

2. 构建智能应用场景。逐步探索“人工转化+AI检索+引导拓展+甄别运用”的实践路径。将提请检委会审议案件的基本案情经过人工“脱密”转化后开启DeepSeek检索，根据检索内容有针对性地进行追加提问，引导AI拓展，对生成的“答案”甄别参考，

---

① 10类重点关注案件是鞍山检察机关在检察管理中探索评价业务质效的依据，具体包括：无罪案件；撤回起诉案件；捕后不诉案件；免刑案件；自侦案件不起诉和撤销案件；公益诉讼撤回起诉及法院不予支持案件；提出抗诉后人民法院未改变原审判决、裁定，或者提出再审检察建议后人民法院未启动再审程序等人民法院未采纳监督意见的民事、行政检察监督案件，不捕、不诉复议、复核后，改变原审查决定的案件；减刑案件；法院裁定改变提请检察意见的案件；国家赔偿案件。

节省对复杂事实证据、海量法律规定的梳理时间，进一步拓宽对矛盾争议的思考空间。

3. 探索智能辅助手段。以提升案件办理质效为目标，以“四大检察”案件线上受理、办理和管理为重点，探索研发“案件质量检查系统”。通过案卡碰撞、文书之间的逻辑比对，将管控案件的办理关口前移案件办理环节，引导检察人员在办理个案时注重案件质量检查，链接起案件一体化办理、指导和监管的全周期数字化监管体系。

检察机关一体推进“三个管理”路径探析

苟小军　杨丽敏　吕　情*

目　次

习近平总书记反复强调“努力让人民群众在每一个司法案件中

* 苟小军，江苏省无锡市人民检察院党组副书记、副检察长；杨丽敏，江苏省无锡市人民检察院案件管理部主任；吕情，江苏省无锡市梁溪区人民检察院第八检察部五级检察官助理。

感受到公平正义”，要求“所有司法机关都要紧紧围绕这个目标来改进工作”。最高检党组提出，要把“高质效办好每一个案件”作为新时代新征程检察履职办案的基本价值追求。最高人民检察院检察长应勇强调，要让检察工作进一步回归到高质效办案这个本职本源上来，并给出了检察履职的“三大法宝”：严格依法、实事求是、遵循规律。高质效办案离不开高质效检察管理，一体抓实检察业务管理、案件管理、质量管理（以下简称“三个管理”），是高质效办案的基石，也是实现“努力让人民群众在每一个司法案件中感受到公平正义”目标的必然要求。

一、一体推进“三个管理”的逻辑解析

2023 年 3 月，在全国检察机关贯彻全国两会精神电视电话会议上，应勇检察长首次提出“高质效办好每一个案件”。2024 年 3 月，最高检提出“三个善于”，为在个案上如何实现“高质效办好每一个案件”提供了方法指引。2024 年 4 月 8 日，应勇检察长在为国家检察官学院春季学期首批调训班次授课时全面、系统阐释了“三个善于”理念。2024 年 7 月 29 日，应勇检察长在大检察官研讨班讲话中明确提出“三个结构比”概念。2024 年 10 月 15 日、16 日，最高检先后召开检委会会议和党组会，明确提出“一取消三不再”，一体抓实业务管理、案件管理、质量管理。2025 年 3 月，应勇检察长以“构建检察‘大管理’格局，一体抓实‘三个管理’推动高质效办案”为主题，为国家检察官学院春季学期首批调训班次授课，系统剖析了检察机关优化检察管理，指出“构建‘大管理’格局具有重要性和紧迫性”①，为检察机关如何一体推进“三个管

① 应勇：《构建检察“大管理”格局 一体抓实“三个管理” 推动高质效办案》，载《人民检察》2025 年第 7 期。

理”，构建“大管理”格局指明了方向。

优化检察管理，要树牢“三个善于”理念思维、用好“三个结构比”这个重要牵引，抓实“三个重点”这个着力点——“三个善于”为个案办理的质量设定了标准，指明了方向，从多个维度实质化衡量个案办理效果，即结合群众“可感受、能感受、感受到”的认可度去考量个案办理质量，推动优化检察管理；“三个结构比”为检察工作高质量发展指明了方向，科学运用“三个结构比”能够及时发现“四大检察”发展中存在的问题，推动“四大检察”全面协调充分发展，促进检察管理工作不断优化；“三个重点”为业务管理提炼出重点抓手，破除“眉毛胡子一把抓”的弊端，推动做实检察管理工作。

二、一体推进“三个管理”的重点难点分析

科学的管理方式可以提高生产效率，推动生产力的发展。应勇检察长多次强调，要把管理方式从过于注重数据管理调整到更加注重业务管理、案件管理、质量管理，让检察工作回归到高质效办案这个本职本源上来。加强业务管理、案件管理、质量管理既是最高检为基层检察机关减负的重要举措，也是“高质效办好每一个案件”的有力抓手，更是一次检察管理方式的革命性变革，是实现科学检察管理的必经之路。“三个管理”是科学管理方法在检察系统的运用、发展和创新，其源于对习近平新时代中国特色社会主义思想、习近平法治思想的领悟和践行。[①]“三个管理”要求各级检察机关切实转变理念，运用更加科学的管理方式，将检察管理的重点和目的放在“高质效办好每一个案件”上来。同时，“三个管理”为

① 陈勇：《在检察一体化视阈下抓好“三个管理”推动“高质效办好每一个案件”落到实处》，载《人民检察》2025 年第 2 期。

检察机关进行科学管理提供了具体的方法和路径，就是要更加注重业务管理、案件管理和质量管理，更加注重对重点案件类型、重点办案领域、重要业务态势的分析研判，更加注重数据宏观分析功能与微观案件评查的结合。“三个管理”重在引导各级检察机关和检察人员进一步聚焦法律监督主责主业，将主要精力聚焦到“高质效办好每一个案件”上，将这个基本价值追求贯彻到检察履职的全过程、各环节。

（一）提升检察管理工作的价值引领度

一体推进“三个管理”，要不断提升管理理念对于检察工作的价值引领度。最高检顺应新时代人民群众更高要求，提出了一系列检察工作新理念，成为引领检察工作高质量发展的灵魂。实践证明，这些现代化司法理念是推进检察工作高质量发展的基础。一是深入践行忠诚为民的政治大局观。牢固树立“从政治上看”的理念，坚持“讲政治”与“抓业务”一体推进、融合发展，推动一线办案人员从大局视角考量办案效果，在办案中“多想一步”“多管一分”。牢固树立“为人民司法”理念，坚持和发展新时代“枫桥经验”，围绕群众关切的重点领域和未成年人等特殊群体权益保护问题依法履职，持续开展“小专项”监督，常态化办好可感受、能体验、得实惠的检察为民实事。二是深入践行依法高质效的监督办案观。坚持“严格依法，客观公正”理念，恪守职能边界，不脱离检察职能，不超越检察职权，不代行其他部门职权。上级检察机关应加强对下级检察机关的业务指导，针对民事检察深层次监督办案规则不完善等操作层面重点问题，完善办案工作指引；探索建立案件管理与检务督察衔接、刑事检察部门联席会议等机制，健全“重点评查、常规抽查、专项评查”案件评查制度，确保守住公正司法底线。牢固树立“高质效办好每一个案件”理念，探索建立正反面典型案事例通报机制，引导检察办案人员以正面案事例为指引、以反面案事例为警戒，提升办案质效；针对不同类型、不同复杂程度的案件，采用不同处理方式，简案快办、繁案精办，合理分配诉讼资源，提高办案质量和效率。三是深入践行敢于监督、善于监督、勇于自我监督的检察履职观。站稳“敢于监督”的立场，通过依法履职把习近平总书记强调的“法治建设既要抓末端、治已病，更要抓前端、治未病”落到实处。用好“善于监督”方法论，增强监督智慧，加强与监督对象的有效沟通，建立监督者与被监督者之间的良性互动、双赢共赢关系，寻求与被监督者一致的目标和共同的价值追求；构建各级检察机关、各条线、各部门纵向贯通、横向衔接、区域联动的工作机制，增强法律监督整体效能。扛牢“勇于自我监督”责任，始终牢记“两个永远在路上”，坚持党的自我革命精神、发扬斗争精神，落实领导干部监督管理责任，健全检察权运行内部制约监督机制，让权力的行使与责任的承担对称起来，实现“放权”和“管权”并重、“管案”和“管人”结合①。

（二）拓宽检察监督履职的全面度

一体推进“三个管理”，要不断拓宽检察监督履职的法律覆盖面。检察业务管理是内涵最丰富、外延拓展最广泛的一项管理，检察机关应立足于法律监督机关的宪法定位，重点关注检察机关是否全面充分履职尽责，减少甚至消除检察履职的空白点，促进法律监督各项职能和制度充分实现，防止出现某项制度功能“长期沉默”的情况，做到“法定职责必须为”。有些基层检察机关尚未做到“法定职责必须为”，还存在监督履职空白点，这不符合检察机关履

① 参见尹吉、王岑：《检察业务管理机制现代化研究》，载《人民检察》2024 年第 7 期。

职的客观规律，也与“严格依法”有所悖逆。拓宽检察监督履职的全面度，应当把握从宏观上保证“四大检察”的全面性与协调性。《中共中央关于加强新时代检察机关法律监督工作的意见》明确指出，人民检察院是国家的法律监督机关，是保障国家法律统一正确实施的司法机关，是保护国家利益和社会公共利益的重要力量，是国家监督体系的重要组成部分，在推进全面依法治国、建设社会主义法治国家中发挥着重要作用。这是党中央对检察机关作出的“四位一体”的全面定位，是习近平法治思想的重要内容，具有重大而深远的意义。我国检察机关在国家监督体系中发挥着不可替代的独特作用，从比较法层面来看，我国检察制度的设计是独一无二、具有中国特色的。因此，我们要从检察机关作为法律监督机关这个顶层设计的角度，从国家治理层面寻找履职的着力点。在宪法和法律层面锚定检察机关定位和职责，立足“四大检察”工作格局，认真梳理“四大检察”相应的法定职责，将是否做到“四大检察”履职全覆盖作为评价检察工作质效的重要标准，进一步细化“四大检察”法定职责，检视是否全面充分履行，是否存在职责尚未履行到位的情况。

（三）提高检察监督履职的精准度

一体推进“三个管理”，要不断提升法律监督精度、深度、广度。数字化检察既是检察机关履行法律监督职责的有效途径，也是推动检察工作高质量发展的应有之义。技术驱动下的检察法律监督体系重构，实际是通过数据要素的重新配置，实现检察法律监督的结构性变革，即从个案办理向类案监督转变，从事后纠错向事前预防转变，从人力密集型向算力密集型转变。一是检察技术迭代，提升监督精度。在科学技术日新月异的今天，科技手段成为检察技术工作提质增效的引擎，空天卫星遥感、环境监测、实验室检验等技术的综合应用，打破了传统监督办案模式的局限。运用NPL技术对证据材料、诉讼文书进行语义解析，提高审查阅卷、文书制作效率，对类案偏离度进行预警、纠正，使检察监督更加精准、精确。二是数字检察突破，提升监督深度。党的二十大报告要求，加快建设网络强国、数字中国。最高检党组回应时代需要，提出实施数字检察战略，旨在通过数据治理、聚合、管理、应用，激活和利用数据对检察监督的叠加、倍增作用，充分发挥数据要素效能，推动检察监督由点到面、由表及里、由浅入深①。特别是通过打破数据壁垒，构建大数据池进行数据碰撞，不仅能够批量发现检察监督线索，还可以通过建立检察监督模型及应用，深挖监督领域。三是数智检察融合，提升监督力度。从人工智能的发展前景看，基于DeepSeek技术的人工智能可以辅助完成提审、阅卷、法律文书拟制等工作，指数级提升办案效率，有助于将检察人力资源从事务性工作中解放出来，解决“重办案、轻监督”的问题，提升检察人员的法律监督能力。随着法律知识突破的完善、检察大模型的深度应用，有望实现从“事后的制度修复”向“实时的系统治理”转变，真正通过数字法治进一步推动社会治理现代化。

三、一体推进“三个管理”的路径探析

（一）围绕“三个结构比”，在宏观层面建构业务管理分析研判评价体系

应勇检察长指出，“三个结构比”来源于“四大检察”履职，又引领推动“四大检察”履职朝着更加全面、更加协调、更加充分的方向健康发展。高质效履职要坚持系统观念、体系思维，辩证地

① 申云天、许佩琰：《数字检察的逻辑进路》，载《人民检察》2025年第5期。

看待量和质的关系，要统筹好“有数量的质量”和“有质量的数量”，真正做到“三个效果”有机统一。要从“大管理”的视角加强业务管理，以“三个结构比”为方法，强化对检察业务的宏观管理。科学运用“三个结构比”分析研判“四大检察”的趋势、规律、特点，有效破除“重刑事、轻民行公”的履职倾向①。检察权既是司法权，更是法律监督权。从司法权的维度来看，检察机关与公安机关、审判机关在刑事诉讼中各自发挥作用，办理依刑事诉讼程序流转的案件；从法律监督权的维度来看，检察机关还肩负着对侦查活动、审判活动进行监督的职责，着眼于“四大检察”，检察机关的法律监督权的本质是对公权力的监督。以民事检察为例，民事案件依据民事实体法和程序法，有相应的诉讼规则进行调节和保障，检察机关对民事审判、执行活动的监督更应注重深层次监督。例如，审判权和执行权的行使可能存在违反法律规定的情形，而这种公权力违法违规运用具有隐蔽性，当事人没有动用公共资源去发现的能力，检察机关应基于宪法定位对这种公权力违法情形启动法律监督，这不仅体现了对司法判断权的监督制约，也是中国特色检察制度不同于世界其他国家检察制度的地方，检察业务管理就应该引领民事检察监督朝这个方向发展。“三个结构比”的优化就是要减少甚至消灭检察履职中的“休眠项”，从“有数量的质量”的层面反思民事、行政、公益诉讼检察。例如，行政公益诉讼案件一直没有起诉案件，就可能是公益诉讼检察履职存在的盲点。最高检应勇检察长在全国检察长会议上强调，对于一些检察建议发出后没有得到及时整改的案件，要加强检察建议与提起诉讼的衔接，敢于通过“诉”的方式维护公共利益。应勇检察长强调：“每一个高质效

---

① 程雷、龚炜博：《检察机关“三个管理”的理论意涵与实践面向》，载《人民检察》2024 年第 24 期。

案件，既是办出来的，也是管出来的。”① 检察机关应构建业务管理分析研判评价体系，分析“三个结构比”，审视检察机关是否依法履职、职责行使是否到位、检察履职是否高质效，通过优化检察管理，把实体、程序、效果等方面要求，一体落实到每一个案件、案件的每一个环节，确保司法公正高效。

（二）围绕“三个重点”，在中观层面建构案件管理分析研判评价体系

最高检提出“一取消三不再”后，要求切实、真正把检察管理从简单的数据管理转到更加注重业务管理、案件管理、质量管理上来，转到对重点案件类型、重点办案领域、重要业务态势的分析研判上来。应勇检察长在全国检察长会议上的讲话指出，坚持各项检察职能内在统一于法律监督宪法定位，检察机关各项工作都要聚焦到法律监督职能上，落脚到检察履职办案上。法律监督是检察机关的立身之本，是最主要、最核心的工作。推动检察工作高质量发展，必须做优做强法律监督主责主业，着力提升法律监督的“硬度”“韧性”。因此，要通过案件管理，引导检察人员高质效办理党委、政府关注的案件，党的中心工作推动到哪里，检察工作就跟进到哪里。检察履职要与党委中心工作、与人民群众诉求紧密关联。检察履职要围绕中心、服务大局，在贯彻落实党中央决策部署中进一步找准找实履职切入点和着力点，在案件管理上看“有没有办理相关案件”“有没有开展专项监督”。要引导检察人员高质效办理有分量的案件，以公益诉讼检察为例，最高检对于办理高质效公益诉讼案件提出了具体标准，即立案精准切入大局需要、精准聚焦治理

① 应勇：《构建检察“大管理”格局 一体抓实“三个管理” 推动高质效办案》，载《人民检察》2025 年第 7 期。

难题、体现监督制度价值的高质效案件，在调查取证、案件推进、沟通协调、问题解决等方面存在困难、压力和阻力的高质效案件，案件管理要引领检察人员透过监督办案敏于发现并推动解决案件背后的共性问题，精准挖掘社会治理难点堵点，提升监督层次，深度参与社会治理，这种聚焦类问题、办理类案件的工作方式体现出检察机关的担当作为。要引导检察人员高质效办理有影响的案件，最高检公布了 2024 年全国检察机关优秀侦查监督案例评选的结果，引领、指导检察官高质效监督履职，办好每一个侦查监督案件。案件管理就是要引导检察人员办理“一个抵十个”“一个抵百个”的案件，办理对某个领域社会治理、法治进步有推动作用，可能成为典型案例、指导性案例的案件①。

（三）围绕“三个善于”，在微观层面建构质量管理研判评价体系

最高检应勇检察长强调，办好案，办好每一个案件，办好每一个案件的每一个环节是每位检察官的基本职责。实体上要坚持以事实为依据，以法律为准绳，通过落实“三个善于”提高办案质量。“三个善于”蕴含着丰富的理论内涵，揭示了法与法的精神、法律与社会、法律与道德关系的基本法律原理，体现了办案的内在规律和本质要求，为“高质效办好每一个案件”提供了明确指引和基本方法，是检察机关一体学思践悟习近平法治思想的理论成果和实践经验，需要我们深刻理解、准确把握，并将之贯穿检察机关办案始终，让司法办案更契法度、更接地气、更有温度。“三个善于”的价值内核更突出体现在个案质量管理上，不仅要看检察官是否做到

① 王体功：《高水平检察业务管理的地方探索与优化》，载《中国检察官》2024 年第 21 期。

“三个善于”，还要看有没有通过办案向侦查机关传导“三个善于”的理念和标准，刑事诉讼制度改革确立了以庭审为中心、以证据为中心的方向，检察机关处于刑事诉讼中的重要环节，前接侦查后接审判，要把庭审标准在检察环节落实，还要有效地向前传导给侦查机关，让案件在移送检察机关时就尽量接近高质效，真正夯实案件质量标准。不仅要看案件有没有办结，还要看所办案件是否实现了案结事了人和。案件是各种社会矛盾和问题在司法领域的集中反映，案件办理质效好不好、处理结果人民群众满意不满意、能不能切实感受到公平正义，往往与矛盾纠纷有没有得到化解、社会关系有没有得到修复息息相关。因此，检察人员不能就案办案、机械办案，不仅要着眼于案件办理，更要着眼于通过释法说理化解矛盾。检察机关应当做好案件质量管理工作，把矛盾化解工作前置，在办案中融入“天理、国法、人情”，不断提升人民群众对“检察产品”的满意度。

案件质量评查结果实质化运用的路径研究

杨　娟　徐小波　黄梦月*

目　次

习近平总书记反复强调"努力让人民群众在每一个司法案件中

---

* 杨娟，湖北省宜昌市葛洲坝人民检察院分党组书记、检察长；徐小波，湖北省宜昌市葛洲坝人民检察院第三检察部案件管理负责人；黄梦月，湖北省宜昌市葛洲坝人民检察院五级检察官助理。

感受到公平正义”。围绕这个目标，最高检审慎作出“一取消三不再”的决定，并紧扣检察管理这个枢纽性问题，明确提出一体推进业务管理、案件管理、质量管理“三个管理”。案件质量评查是加强检察业务管理的重要手段，也是落实和完善司法责任制的重要举措，其深层逻辑在于通过评查结果的实质化运用，及时发现、纠正案件办理中存在的问题，倒逼检察官提升办案质效。抓实检察业务管理，运用好案件质量评查结果是关键。然而，在实践中，评查结果的运用却存在一定程度的弱化现象，需要通过探索加强评查结果的实质化运用，切实发挥案件质量评查的“质检”作用，加快推进新时代检察业务管理现代化。

一、 案件质量评查结果实质化运用的现实问题

（一）结果运用的基础不牢

一是评查标准适用不统一。虽然各地市均制定了案件质量评查标准，但各基层院在实际开展案件质量评查时，存在有的院适用标准较严格，有的院适用标准较宽松的情况。同时，一些非量化评估指标赋予了评查员一定的主观裁量空间，也使得评查标准执行尺度不统一。二是评查队伍专业化、规范化水平不足。基于基层检察机关人员力量有限，在自行评查中，难以组建起一支力量充足、规范专业的评查队伍，有时需要依靠外部力量，比如聘请专家学者、律师等参与案件评查。部分基层检察机关对于外部聘请人员缺乏全面规范的评查培训，导致评查效果受到影响。三是质量评定结果不权威。在业务部门检察官交叉评查时，评查人员与办案人员身份混同①，有时碍于

① 北京市朝阳区人民检察院课题组：《基层检察机关案件质量评查工作的现状及完善——以B市C区人民检察院的工作实践为样本》，载《北京政法职业学院学报》2023年第2期。

情面或出于利益考量而降低评查标准，削弱了案件评查的中立性和客观性。同时，部分评查员擅长的业务类型与所评查的案件类型并不匹配，其对相关事实认定、证据采信、法律适用等关键环节把握不准，有时依赖于审查报告与承办检察官的陈述来得出评查结论，而并非通过细致审查案卷材料、全面实质审查案件来评定结果，导致案件质量评查流于形式。

（二）结果运用的生态不佳

部分检察人员缺乏管理意识与管理自觉，没有把“办案”与“管案”放在同等重要的位置，认为案件办理才是主责主业，而对案件管理的重视程度不够，将案件质量评查视为额外的工作负担，一定程度上还存在“不愿查”“不愿被查”的思想问题。有的被评查人则是对评查结论不认可，认为评查出的有些问题是在给自己的案件挑刺儿、找碴儿，因此思想上存在抵触情绪，整改意愿也不强，使得评查结论难以实质性延伸至办案主体。

（三）结果运用的机制不畅

案件质量评查更多地集中于问题的发现，而对问题的整改和后续的监督管理缺乏长效机制，使得评查的效果大打折扣，没有真正发挥出案件质量评查对实际办案的指导价值和对员额检察官落实司法责任的评价功能。例如，“文书格式错误”“案卡填录不规范”“法律文书有错别字”等低级错误在每年的评查中都会重复出现，这充分反映出司法责任制落实的刚性不足，评查结果未能引起承办检察官的重视，导致重复性错误屡禁不止。

二、 案件质量评查结果实质化运用的价值考究

（一）个案纠错筑牢质量根基

服务个案质效是案件质量评查结果实质化运用的首要价值。通过对具体案件进行事实认定、证据采信、程序合规等环节的全面审查、评价，能够精准定位案件办理中存在的问题和不足，从而及时采取纠正措施，确保个案公正处理。例如，某检察机关在评查一起非法持有枪支、弹药案件时，发现犯罪嫌疑人实施了买进枪支、弹药的行为，确定原案存在定性错误、不起诉决定错误等问题。通过发挥案件质量评查的纠偏纠错功能，承办检察官最终改变案件定性并提起公诉，法院判决两名被告人均构成非法买卖枪支、弹药罪，分别判处有期徒刑七年、有期徒刑四年，确保了案件的公正办理。

（二）类案指导强化标准统一

加强类案指导，强化标准统一，是案件质量评查结果实质化运用的又一重要价值所在。通过对同类案件的评查，可以提炼出共性问题，形成类案分析报告，为今后的案件办理提供明确的指导和参考，这种类案指导的方式，也有助于统一司法尺度，推动办案质量整体提升。例如，诈骗罪属于基层办案中较为疑难的罪名，存在较多的法律适用难点，某省检察机关专门针对诈骗案件开展类案评查，分别确定犯罪主体、诈骗行为、主观故意、被害人财产损失等各方面的评查重点，对诈骗罪的准确认定和法律适用具有较强的指导意义。

（三）机制优化驱动管理升级

在案件质量评查工作中，机制优化是驱动管理升级的关键一

环。评查结果应用是检察业务管理机制优化的“风向标”，通过评查发现的问题，能找准案件办理过程中的薄弱环节，并通过“评查—反馈—整改”的良性循环，将问题整改推动转化为制度升级，为确保司法公正、提升司法效率提供有力保障。例如，某市检察机关在评查中发现，部分刑事案件存在证据链条固定不规范、法律适用标准不统一的问题，随即建立“类案证据清单指引 + 重点案件交叉审查”机制，通过编发《常见罪名证据审查指引》、组建专业化办案团队对重大疑难案件开展跟踪检查，推动同类案件瑕疵率同比下降 32%，确保了案件规范化办理。

三、 案件质量评查结果实质化运用的有效路径

（一） 夯实结果运用基础

一是优化案件质量评查标准。可以同时设定优质、瑕疵、不合格案件的通用标准和不同类型案件的优质、瑕疵、不合格情形的专门标准，对每一项指标进行赋分，并尽可能减少非量化评估指标。评查员在进行案件质量评查时，严格按照评查标准对出现瑕疵、不合格的情形进行扣分，并将评查得分作为评定等次的重要参考依据，结合问题数量、严重程度、办案效果等综合评判结果等次。二是优化案件质量评查方式。鉴于基层检察机关人员数量有限，建议由市一级检察机关通过案件质量评查资格认证考试等方式，从各基层院选拔案件质量评查人才，分别建立刑事、民事、行政、公益诉讼“评查人才库”，并常态化开展评查专题培训。在开展重点评查、专项评查时，由市级检察机关统一组织，根据案件类型从人才库中随机抽取评查员组成评查小组开展交叉评查，确保各评查员不评查本院的案件，且评查的案件类型与其擅长的业务类型相匹配。在开展常规评查时，建议由市级检察机关统一部署，建立“A 院—B

院—C 院—A 院”的轮转式闭环交叉评查机制，既能打破地域壁垒和人情干扰，也能促进基层院互查互鉴。三是强化案件实质化评查导向。对案件质量评查要实行“案件化”办理，评查员评查案件的过程也是实质化办案的过程，要慎之又慎，确保精准客观。对评查员的履职情况也要加强监督和再审查，对于因未实质评查导致评查结论错误的，要追究评查员的相关责任。同时，在“每案必检”的背景下，要探索构建“检察官自查+办案部门检查+案管部门组织评查+检务督察部门抽查”的一体模式，对自查、检查出的问题，要举一反三，由案管部门对全院检察官发出风险提示和预警，避免类似错误发生，并且在评查、抽查时也要重点关注。对评查、抽查出的问题，一方面要督促承办人限期整改并跟踪复查，确保问题闭环管理；另一方面要及时开展案件质效分析研判，进一步明确文书制作要求、剖析案件得失、模拟办案演练等，提升司法办案水平。

（二）优化结果运用生态

一是加快转变评查理念。各级检察机关要引导评查员、检察官及相关办案人员深刻认识案件质量评查的重要性，树立“评查也是办案”的理念，坚持以评查为切入口着力解决自身办案“灯下黑”的问题，促进司法规范化，提升办案质效。同时，加强评查员队伍建设，定期组织学习，提升评查员的专业素养和评查能力，确保评查工作的公正性和权威性。此外，还要建立健全评查员激励机制，对表现突出的评查员给予表彰和奖励，激发评查员的工作积极性和创造力，为案件质量评查结果的有效运用奠定坚实基础。二是数字赋能增强评查过程透明度。充分利用信息化手段，建立案件质量评查信息系统，实现评查工作的全程留痕、动态管理和智能分析。通过系统记录评查员的评查过程、评查结论及整改情况，既方便对评查员的工作进行监督和考评，也能为后续案件办理提供借鉴和参考。

同时，借助大数据分析技术，对评查出的问题进行分类汇总和深度剖析，为制定有针对性的改进措施提供数据支持，进一步提升案件质量评查工作的科学性和实效性。三是提升评查报告说理性。案件质量评查报告是案件质量评查工作的集中展示，只有评查内容全面、查找问题精准、评价结果公正、释法说理充分，才能真正提升案件质量评查报告的说服力和认可度，推动案件质量评查实现从个案监督到类案监督再到业务治理的转型发展①。因此，一方面，要增强全面性和专业性，在报告中要全面展示被评查案件在证据采信与排除、事实认定、法律适用、监督履职、办案程序和落实司法责任制等各方面存在的问题。另一方面，要增强管理性和评价性，在对案件质量进行全面、专业的检查后，还要从管理的角度，系统评价办案主体的履职尽责情况，深挖问题背后的原因，针对内部监督管理漏洞提出切实可行的建议，从而提升评查报告的力度和深度。

（三）建立结果运用配套机制

一是建立评查结果反馈机制。将案件质量评查结果及问题的整改情况在全院通报，通过全院的监督，提升办案部门对案件质量评查的重视程度，加强对评查问题的整改落实。同时，将评查结果及时反馈至政工部门，确保将案件质量作为检察官年度绩效考核、晋职晋级、评先评优的重要参考，提升案件质量评查工作的积极性。二是建立司法责任追究衔接机制。积极推动评查结果在司法责任制落实上的衔接运用，对于评查确定的不合格案件、严重瑕疵案件以及数据造假等问题，及时抄送检务督察部门启动责任倒查，并将案件质量评查问题、司法责任追究问题等作为降低检察官等级、退出员额的重要依据，切实增强评查监督的力度与刚性。同时，探索检

① 冯丽君：《案件质量评查报告撰写之钥》，载《人民检察》2024 年第 18 期。

务督察部门全过程参与案件质量评查工作，将承办部门的问题整改落实情况也纳入检务督察范围，通过直接接触案件实体和程序，促使检务督察人员及时发现线索、把脉问题。三是建立评查异议救济机制。越是强调追责的严肃性，就越要保证案件质量评查结果的准确性。若承办检察官对案件质量评查结果存在异议，可以向案件管理部门提交口头或书面意见，由案件管理部门组织本院评查员初步审查，对于没有争议的质量问题第一时间沟通答复；对于争议较大的案件质量问题，则提交检察委员会审议认定。四是优化案件评析机制。要注重评优与析差并重。对于优秀案件要充分展示宣介，切实发挥正向激励作用，由承办检察官对案件的办理思路、证据收集、法律适用等方面进行讲解，通过展示优秀文书、分享优秀办案经验，树起高质效办案的标杆，提升全体检察官的办案能力和水平。同时，对于瑕疵案件、不合格案件或者案件虽合格但存在较多问题的案件，可以隐去承办人、案件当事人等关键信息后，组织办案人员对瑕疵文书开展学习讨论，深入剖析问题产生的原因，让检察官可对照、受触动、有镜鉴，形成“发现问题—整改问题—避免问题重复出现”的闭环，实现解剖一例、规范一类的良好效果。

检察听证实质化探析

李有朋　王晓玲*

目　次

* 李有朋，河南省林州市人民检察院检察官助理；王晓玲，河南省林州市人民检察院综合业务部主任。

（三）加强听证制度建设，以程序规范保障听证实质化

党的二十大报告指出，“要扎实推进全过程人民民主，全面推进依法治国”。检察听证就是检察履职“全过程民主”、公开办案的重要方式，集咨询、论证、群众参与为一体，不仅是践行“阳光司法”、推行新型检务公开的充分体现，更是贯彻落实习近平新时代中国特色社会主义思想，践行全过程人民民主理念的一项重要举措。从总体来看，经过各级检察机关不懈努力，检察听证在制度和实践层面呈现整体推进、“全面开花”的良好发展态势。但实践中还存在着为听证而听证等“形式化”的问题，需要深入分析和研究，提出以实质化为目标完善检察听证的建议，切实提高听证办案质效，进一步推进检察工作高质效发展。

一、检察听证的概述及发展历程

（一）检察听证的基本概念

听证是英美普通法中“自然公正”原则之一，其最初的含义是任何参与裁判争端或者裁决某个人行为的个人或者机构，都不能只听取一方的陈述，而要听取双方的陈述；在未听取另一方的陈述时，不得对其实施处罚。① 检察听证制度是听证制度在检察机关案件审查过程中的深层次应用，其本质是通过组织召开听证会的形式，就事实认定、法律适用和案件处理等问题听取听证员和其他参加人意见的案件审查活动。

---

① 刘国媛：《刑事检察听证制度的“理”与“法”》，载《法学评论》2015 年第 1 期。

（二）检察听证的发展历程

早在 2000 年，最高检下发《人民检察院刑事申诉案件公开审查程序规定（试行）》，首次将检察工作与听证结合。2014 年，《人民检察院复查刑事申诉案件规定》（现已失效）再次提到，根据办案工作需要，可以在复查刑事申诉案件中通过公开听证进行审查。2020 年，最高检颁布《人民检察院审查案件听证工作规定》（以下简称《规定》），针对听证案件范围、审查案件的原则及程序等问题进行明确规定，这也标志着听证制度将在“四大检察”中实现全覆盖。

（三）检察听证实质化的内涵

检察听证实质化，就是要保证听证员评议意见体现出案件本身的真实、充分、公平、公正。在听证参与人抱定“检察听证有用且可用”的情况下，给予其合理规范的发表意见的程序机制，则听证意见的质量就有了基本保证。在此基础上，检察机关对听证意见充分尊重、认真分析，择其合理者吸收采纳，并最终作出正确的处理决定，促进检察工作高质量发展。

二、检察听证的司法价值

（一）检察听证是践行司法为民的具体体现

“坚持以人民为中心”是习近平法治思想的核心要义，检察机关要贯彻“以人民为中心”的法治思想，就必须在案件办理过程中展现“人民至上”的司法理念，而检察听证无疑是检察机关落实人民民主、实现公正司法的有效履职方式。其根本目的是切实促进司法公开，保障司法公正，提升司法公信，落实普法责任，促进矛盾化解。也正是因为检察机关所办理的每一起案件都与群众利益密切相关，才更加需要通过检察听证的方式，听取听证员独立发表客观、中立的意见，以便检察机关更加客观准确地认定事实、适用法律，对案件作出更加公正的处理，最大化维护当事人的合法权益，更好地体现出检察机关求极致的态度和为人民服务的担当。

（二）检察听证是检务公开规范化的重要途径

进入新发展阶段，向人民群众提供更加优质的“检察产品”，从而得到人民群众的信赖和认同，是检察机关高质量发展的现实需要。而检察听证则揭开了检察机关办案的“面纱”，根据《规定》第 19 条的规定，“公开听证的案件，公民可以申请旁听”，为广大的人民群众参与检察司法工作提供了依据，为构建开放动态透明的阳光执法司法机制，消除诉讼参与人和社会公众对执法司法办案的质疑，以“看得见”“听得到”的方式使社会各界更加深入地了解检察机关如何办案，拉近了检察机关与社会各界的联系，有利于实现以公开促公正、以公正促公信。

（三）检察听证是践行法律监督职责的重要方式

《中共中央关于加强新时代检察机关法律监督工作的意见》明确指出，要切实加强民生司法保障，坚持以人民为中心的发展思想，引入听证等方式审查办理疑难案件，有效化解矛盾纠纷。检察听证是检察机关落实“坚持和发展新时代‘枫桥经验’”的具体履职体现，检察机关在办理案件过程中，通过改变以往传统的书面审查办案模式，组织召开听证会对案件进行公开审查，将案件的争议焦点、法律适用分歧、当事人意见等内容置于中立的第三方视角下，[①] 全方

① 陈林：《再论检察听证制度》，载《应用法学评论》2022 年第 1 期。

位听取各方意见，使检察机关更加客观准确地认定事实、适用法律，对案件作出更加公正的处理。

三、 检察听证运行过程中存在的问题

检察听证应实现有效的“听”，听证对象是“证”，谁来“听”，谁来“证”，[①] 是检察听证应当重点考虑的问题。自《规定》实施以来，各级检察机关根据“应听证尽听证”的要求，不断推进检察听证工作，进一步提升了案件办理质效和矛盾化解质量。但在司法实践中可以发现，现阶段检察听证的效果还不够理想。主要原因有以下三个方面：

（一）主持检察官的主观能动性发挥不足

一是适用检察听证的积极性不高。2021 年以来，林州市检察院共计办理各类案件 7000 余件，其中开展检察听证工作进行案件审查的仅有 215 件，占比 3%。主要原因之一是检察官受到传统司法理念的影响，对检察听证工作的司法价值认识不到位，片面地认为听证对案件办理仅起到“锦上添花”的作用，且由于检察机关案多人少的实际问题，组织一次听证会需要耗费大量的时间和精力，使得承办人产生了畏难情绪。

二是部分检察官能力不强。检察听证与传统办案不同，除自身法律素养和司法经验，还要求检察官既要有扎实的法律功底，更要求检察官作为主持人具有良好的控场能力、群众工作能力、风险防控能力、临场应变能力。当前，部分检察官面对当事人和听证员提出的各种观点不能适时引用法律规定和司法政策进行解释，仅是简

① 张建伟、李子龙：《检察听证实质化：以听证功能更好实现为导向》，载《检察日报》2022 年 8 月 4 日第 3 版。

单地照搬法条，使听证参与人员无法完全理解，达不到听证实质化效果。

三是检察听证质效不高。近年来，检察听证工作已基本实现“四大检察”全覆盖。但是在检察听证实践中，还存在只关心数量，不注重质量和效率的情况。比如，有的检察官迫于业绩考核和完成指标，做样子、走过场、凑数听证，盲目追求听证案件数量；有的检察官仅关注检察听证的程序功能，对检察听证的评价功能予以忽略。部分员额检察官会将一些案情简单的案件纳入听证的范围，在双方当事人达成和解、矛盾几近化解的基础上进行听证，不仅浪费司法资源，更损害检察公信。

（二）听证员作用未充分发挥

一是听证员专业性有待提高。作为检察听证中最重要的主体，通过发表高质量的听证意见，对检察机关作出公正合理的决定有着重大帮助。但如果听证员不具备相应的专业知识，就很难对案件中相应的事实部分作出判断，如林州市检察院的听证员库中，八成以上为人大代表、政协委员等人员，仅不到20%为各行业社会人士，可以发现在听证员库中没有体现出听证员的多样性；同时因为听证员类型的限制，有些听证员在提问、评议环节参与度低、发表意见单一，甚至“听而不证”的情形也时有发生，很难为检察听证提供有效的帮助。

二是听证参与度不高。在检察听证中，听证员可以在听证过程之中向案件当事人以及其他诉讼参与人就案件事实、证据进行提问，以便加深对案件的了解。但由于部分听证员对其身份及职能的不熟悉，尚未适应听证员的角色，也因此导致其所提出的问题没有针对性，更有甚者不进行提问，进而导致在评议环节中，发表的意见浮于问题表面。如 2021 年以来，在 A 市检察机关组织检察听证的 884 件案件中，多数听证员不同意承办检察官意见的仅有 64 件，占比 7.24%。听证员论述过于简单粗糙，致使检察听证工作未能达到预期效果。

（三）听证程序执行不规范

一是会前听证员知情权没有保障。根据《规定》第 10 条的规定，人民检察院决定召开听证会的，应当做好以下准备工作：在听证三日前告知听证会参加人案由、听证时间和地点。《规定》中虽然要求三日前告知案由，但并未对案情、证据等进行详细规定，这也导致在司法实践中，有的检察机关没有提前将案件材料送达听证员，没有就案件与听证员沟通，导致听证员不了解案情就“仓促上阵”，只能基于一种朴素的社会常识，对当事人的陈述发表意见，使得检察听证成为检察机关对参与主体的单方面信息灌输，[①] 最终听证员所做判断也容易随大流，无法起到实质参与作用。

二是会中检察听证缺乏辩论对抗程序。在司法实践中，主要由案件当事人或其他听证参加人就需要听证的问题作出说明，未对争议焦点设置“交锋程序”，[②] 这一现象严重影响了检察听证效果的实质化。中立性不强也是检察听证的问题，检察听证的主持人应当站在中立的立场，对案件进行讲述、评判，但往往主持人是由承办检察官担任，其所经历的办案过程会使其对案件存在倾向性意见，使得其同时扮演“运动员”和“裁判员”的双重角色，[③] 影响检察听

① 刘建荣、刘伟：《枫桥经验视野下检察听证制度优化路径研究》，载《〈上海法学研究〉集刊 2023 年第 4 卷——枫桥经验与基层治理现代化文集》。

② 姜明安：《公开听证：彰显检察履职方式创新发展》，载《检察日报》2021 年 2 月 19 日第 3 版。

③ 石磊：《检察听证实务运行状况及优化路径——以 S 检察机关检察听证实践为样本》，载《北京政法职业学院学报》2023 年第 2 期。

证的效果。

三是会后意见落实情况缺少异议程序。根据《规定》第 17 条的规定，检察听证中能当场作出决定的，应当场作出决定，不能当场作出决定的，应当在作出决定后，将决定和理由告知听证员。《规定》仅对事后告知程序进行规定，并未对异议提出程序进行明确规定。检察听证含义之一便是听取当事人以及其他听证参与人的评议意见，但如果未规定意见落实提出异议程序，会导致部分检察听证案件结束后，听证员即使存在异议，也无法通过有效的措施及渠道提出异议，进而无法实现检察听证实质化。

四、 推进检察听证实质化的建议

检察听证工作是检察机关依法履职、深化司法公开、实践检察为民的一项重要举措。检察机关要严格按照最高检“应听证尽听证”的要求，不断深化检察听证工作，推进检察听证实质化开展，努力提升人民群众对检察工作的认同感，实现检察办案“三个效果”的有机统一。

(一) 锤炼检察队伍，以素能提升促进听证实质化

一是推动员额检察官检察听证理念提升。最高检提出了“公开听证是检察机关的一项战略性工作，是贯彻落实党的十九届四中全会精神、运用检察职能参与国家治理、推进国家治理体系和治理能力现代化的一个创新，也是制度建设的再完善”。[①] 因此，检察机关要努力转变传统“就案办案”“纸质性审查”的工作理念，不断提高检察听证的政治站位，充分体会到检察听证是做好基层检察工作

① 《最高检第七检察厅负责人就行政检察公开听证典型案例答记者问》，载正义网，https：//www. news. Jcrb. com/jsxw/2021/202102/t20210219_ 2252279. html。

的重要举措，使全体检察干警以更加高度的自觉性、更加热情的态度开展好检察听证工作。

二是提升员额检察官能力素质。一方面，通过举办专题讲座、集体培训、上级院发布指导性案例等措施，对员额检察官进行集体培训和正向引导，逐步提高检察官焦点归纳、控场能力、临场应变等方面的能力和水平。在听证前要切实吃透案件，听证中要找到当事人之间的矛盾点，并予以化解，听证后要积极与当事人及听证员进行沟通联系，切实提高检察听证的实质性效果。另一方面，通过现场观摩、学习和观看检察听证直播等方式，学习他人先进的经验和做法，提高以案释法的能力，进一步促进矛盾实质性化解。

三是以更优考评机制激励听证积极性。一方面，要设置更加科学的检察听证考核体系，坚持“高质效办理好每一起案件”的理念，在追求数量的同时保证检察听证的质量。对听证工作取得良好效果的，予以加分表扬，对“形式化”听证的情况，予以扣分；同时，将检察听证质效作为优秀办案团队评选的依据，提升其开展检察听证的动力。另一方面，要在制度层面不断推进案件审查方式的转变，使员额检察官切实体会到检察听证在化解社会矛盾、提高案件办理质效方面发挥的作用，在思想上实现从“要我”听证向“我要”听证的转变。

（二）完善听证员人才库，以“外脑智慧”助推听证实质化

一是确保听证员种类的多样性。听证员最重要的一项特质便是“与案件无关的第三人”，在此基础之上，听证员的选聘要体现广泛性、专业性，要统筹各类外部资源，既要注重从人大代表、政协委员、人民监督员、专家学者、法律工作者、群众代表、特约监督员中选任听证员，也要注意融入社会治理大格局中，将居委会、村委会、公益组织及人民调解员、志愿者等社会组织纳入选任范围。

二是确保听证员素养的专业性。听证员应具备基本的法律常识，确保能够从法律层面结合自身特长，对听证案件形成独有评议意见，避免盲目跟随承办检察官的思路，简单从社会道德伦理方面发表“同意”或“不同意”等意见。在实质上为承办检察官提供解决问题的思路，更好地发挥检察听证提升案件办理质效的作用。

三是强化听证员队伍管理。基层检察机关在听证员的选任过程中，往往会遇到“无人可选”的困境，因此建立专业的听证队伍已成为检察听证工作发展的现实矛盾。目前情形下，大部分检察院均已建立自己的听证员库，但听证员的素质参差不齐，调用困难的问题却时有发生。因此，建议由市级院统一建立听证员库，一方面可以综合全市资源，将更多、更专业的听证员纳入听证员队伍；另一方面可以由市级院进行统一协调，如集中组织听证员进行法律知识培训，使其在检察听证中更好地发挥“监督”作用，或者统一管理调动，基层院在召开检察听证会之前，先向市级院汇报申请，由市级院负责听证员的调度工作，更好地避免“形式化”听证的发生。

（三）加强听证制度建设，以程序规范保障听证实质化

一是会前告知程序的完善。检察听证具有多方协商的特征，但本质上仍然是一种办案方式，[①] 正因如此，更应当保障听证员在会前能够充分了解熟知案件具体情况。当检察机关拟对某案件进行检察听证时，应当事先预留充足的准备时间，以便听证员了解案件、查阅资料。《规定》中虽然有“三日前告知”的规定，但在实践当中，应根据案件繁杂程度进行区分，将告知日期适当提前。同时，需在资料保密的基础上，将案件信息尽可能告知听证员，以便能够

---

① 张红良、李丽：《检察听证制度的实践困境与完善思路》，载《黑龙江省政法管理干部学院学报》2023 年第 1 期。

结合案情发表更加有效的评议意见。

二是会中辩论程序的完善。到目前为止，仍未有相关的法律规定听证员是否可以获取案件相关证据信息，且在检察阶段的证据材料具有保密性质，这就使得听证员只能通过承办检察官的讲解深入了解案情。但因承办检察官先入为主的观念，往往会使听证员的意见偏向于承办检察官，在很大程度上影响听证员的评议意见。因此，建议进一步完善对听证工作中听证员的证据展示工作制度，使听证员能够自主了解案件基本情况，以此来推进检察听证工作的良性发展。

三是会后执行反馈、提出异议程序的完善。从法律效力上来看，听证员作出的听证意见只是检察机关依法处理案件的重要参考，对检察机关并无强制约束力。① 但检察听证作为推进检察工作高质量发展的一项重要制度，目前并未设置执行反馈、提出异议程序的相关规定，非常容易导致检察听证“形式化”的产生。因此，检察听证需要一套完备的注重听证善后工作制度，通过制定作出决定后7日内强制反馈，听证员或其他听证参与人收到决定后5日内提出异议的制度，更好保障检察听证的实质化运行。

① 刘建荣、刘伟：《枫桥经验视野下检察听证制度优化路径研究》，载《〈上海法学研究〉集刊2023年第4卷——枫桥经验与基层治理现代化文集》。

业务研究

YEWU YANJIU

以“三个结构比”推动“四大检察”全面协调充分发展研究

——基于贵州检察机关数据情况的实证分析*

贵州省人民检察院课题组**

目　次

* 本文系贵州省人民检察院2024年检察理论研究课题“以‘三个结构比’推动‘四大检察’全面协调充分发展研究”的阶段性成果。

** 课题组负责人：彭剑鸣，贵州省人民检察院副检察长。课题组成员：杨彰立，贵州省人民检察院案件管理办公室副主任；陈海潮，贵州省人民检察院案件管理办公室副主任；杨远超，贵州省黔东南州人民检察院案件管理办公室副主任；覃会池，贵州省黔南州人民检察院案件管理办公室三级检察官助理；石珊珊，贵州省清镇市人民检察院综合业务部负责人。

在 2025 年全国检察长会议上，应勇检察长强调，要围绕党的二十届三中全会关于公正执法司法的部署，聚焦全面履行法律监督职能，深化对“三个结构比”的研究运用，持续推动“四大检察”全面协调充分发展，促进提升法治建设整体水平。准确认识“三个结构比”的内涵和意义，推动运用“三个结构比”科学引领工作，具有非常大的理论价值和现实意义。本文以贵州检察机关“三个结构比”情况为样本进行分析，并提出建设性的意见建议。

一、对“三个结构比”内涵、价值的认识

（一）“三个结构比”的内涵

“三个结构比”包括“四大检察”的履职结构比，依程序办案和依职权监督的案件结构比，依程序移送、依申请受案、主动发现的案源结构比。履职结构比是指刑事检察、民事检察、行政检察和公益诉讼检察案件数占办案总数的比重结构数值。履职结构比的提出，主要是针对“四大检察”履职长期结构失

衡的问题[1]，凸显了构建“四大检察”业务新格局的价值导向，从履职结构比的发展变化中，把握“四大检察”案件总体态势，有针对性地做优强项、补齐弱项。案件结构比是指依程序办案数与依职权监督办案数的比重结构数值，其中依程序办案对案件具有制约性和决定权，依职权监督对案件具有监督纠正的建议权。检察履职行权兼具司法属性和监督属性[2]，其中司法办案具有被动性、监督办案具有主动性，案件结构比是针对检察履职行权中监督办案相对司法办案规模较小的结构失衡问题而设置[3]，实现从案件结构比的发展变化中，审视监督职责履行情况，提升检察履职整体效能。案源结构比是指依程序移送、依申请受案、主动发现案件数的比重结构数值，其中依程序移送是由其他执法司法机关移送后被动受理的案件；依申请受案指基于当事人申请而启动的案件；主动发现是检察机关在办案过程中主动发现的案件。案源结构比是针对“检察行权囿于司法被动性，以致依职权主动监督意识和能力不足，导致监督主动性不强的突出问题”而设置的[4]，着眼于检察权的监督主动性特质，目的是从案源结构比的发展变化中，精准拓宽法律监督线索渠道，与时俱进增强工作的主动性。

（二）“三个结构比”的重大价值意义

1. “三个结构比”是推动“四大检察”全面、协调、充分发展

---

① 北京市人民检察院课题组：《现代化发展语境下的检察办案结构要素探究》，载《北京检察》2023年第12期。

② 朱雅频：《以习近平法治思想为指引深入实施数字检察战略》，载《人民检察》2023年第24期。

③ 北京市人民检察院课题组：《现代化发展语境下的检察办案结构要素探究》，载《北京检察》2023年第12期。

④ 北京市人民检察院课题组：《现代化发展语境下的检察办案结构要素探究》，载《北京检察》2023年第12期。

的核心参考。全面协调充分履行“四大检察”职能，既是检察机关忠实履行宪法和法律赋予职责的内在要求，也是加强新时代检察机关法律监督工作的必然举措。“三个结构比”的提出，分别从案件类别、案件属性、案件来源三个层面对检察办案进行分类研究，为检察机关推动“四大检察”全面协调充分发展提供了可量化的评判依据和指引，引导检察机关全面履行“四大检察”职能。对此，应勇检察长指出，“三个结构比”来源于“四大检察”履职，又引领推动“四大检察”履职朝着更加全面、更加协调、更加充分的方向健康发展。

2. “三个结构比”是贯彻落实以人民为中心的发展思想的重要抓手。人民群众的需求，就是检察机关的奋斗目标。面对新时代人民群众在民主、法治、公平、正义、安全等方面新的更高的需求，检察机关法律监督要从“有没有”向“好不好”转变，不仅要强化刑事办案，也要充分履行民事、行政、公益诉讼检察职能，全面发挥法律监督职能；不仅要依程序办案，确保严格依法办案、公正司法，更要依职权监督，为大局服务、为人民司法、为法治担当；除了办好依程序移送、依申请受理的案件，还要主动发现法律监督线索。“三个结构比”的底层逻辑是将检察工作看作一种产品，其所关注的评价对象都是推进高质效办案过程中所必须克服的结构失衡问题，进而有效破解制约监督履职的堵点难点问题，不断调整“供给侧”，主动适应人民群众对检察机关履职的新期待，提升人民群众司法获得感。

3. “三个结构比”是引领检察机关“高质效办好每一个案件”的关键指引。“四大检察”作为一个有机整体，法律监督的质效取决于“四大检察”的整体质效水平。同时，“高质效办好每一个案件”要求办案数量、质量、效率、效果有机统一，必须有一套指导性高、适用性广、操作性强的质效管理机制作为支撑。一方面，

“三个结构比”引领检察机关将检察要素资源配置到与检察职责担当要求相适应的领域和环节，推动检察质效管理。另一方面，“三个结构比”是对一个时期、一个区域“四大检察”履职情况进行宏观判断、趋势判断、系统判断的“窗口”，以有效破解制约监督履职的堵点难点问题，引领“高质效办好每一个案件”。

4. “三个结构比”是强化新时代检察业务管理的有效依靠。检察业务管理的重点是抓实理念引领、政策引导和业务指导等，其中，“三个结构比”是一个重要窗口和抓手。首先，“三个结构比”首次打破“四大检察”的业务边界，为业务管理提供了一个从全量业务视角对检察业务进行宏观管理评价的“大管理”方案，从而更好把握检察业务工作的趋势性、动态性，牵引检察业务整体向前。其次，“三个结构比”从案件类别、案件属性和案件来源这三个案件本身或履职过程中的共性维度，而不是个案维度，对“四大检察”履职情况进行评价，为业务管理提供了新的管理价值导向，比如，履职结构比重点关注“四大检察”职能履行的全面性、协调性；案件结构比强调办案和监督的协调、贯通；案源结构比要求精准拓宽法律监督线索渠道。最后，“三个结构比”为从全局视野精准把控业务运行态势提供了具体路径。

二、 贵州检察机关“三个结构比”情况分析

（一）贵州“三个结构比”的主要特点

1. 刑事检察占比显著。近五年，贵州检察机关刑事检察案件数无论是在履职结构比（均超80%），还是在案件结构比（依职权监督均超60%、依程序办案均为100%）、案源结构比（依程序移送均超98%、依申请受理均超50%、主动发现案件均超60%）中，占比均为最大。刑事检察职能不仅涵盖审查逮捕与审查起诉等，更

在刑事诉讼中履行法律监督职能，包括立案监督、侦查活动监督、审判监督等。因此，刑事检察在“三个结构比”中的显著占比，是符合客观司法规律的必然结果。

2. 落实上级部署是趋势变化的重要原因。贵州检察机关“三个结构比”总体较为稳定，其中变化趋势与落实最高检部署有直接关系。以履职结构比为例，2024 年刑事检察案件占比同比减少 5 个百分点，主要原因是贵州检察机关迅速贯彻落实“一取消三不再”要求，刑事监督更加注重提升监督质量，规模有所“瘦身”。行政检察占比逐年上升，其中 2024 年跃升 4 个百分点，这在很大程度上得益于行刑反向衔接机制建立健全后案件大幅增加。

3. 各层级“三个结构比”呈现梯度差异。由于职能定位和工作重心不同，三级检察机关之间“三个结构比”差异显著。以 2024 年数据为例，履职结构比中的刑事检察占比，从省级院的 53% 逐级递增至县区院的 81%，一定程度上体现出民事、行政检察“倒三角”的工作格局。依职权监督占比省级院（92%）和市州院（91%）显著高于县区院（44%）；市州院在强化对下指导的同时，也承担办案职责，加之市州院被动受案的案件类别明显少于基层院，所以市州院主动发现案件占比明显高于省级院和基层院。从整体上看，基层院办案数是省级院和市州院办案数总和的 9 倍，可见调整优化“三个结构比”的关键在基层。

4. “三个结构比”内部存在联动效应。主动发现案件占比与依职权监督案件占比呈现显著的正相关关系，主动发现案件占比排名前 4 位的地区，其依职权监督案件占比同样位居前列。这种高度相关性并非偶然，而是因为依职权监督的重要来源便是主动发现案件，它反映了检察权运行机制的优化方向。同时，依职权监督案件数与依程序办案数之间也总体呈正相关关系，依程序办案量最大的地区，依职权监督案件也最多，依程序办案规模的扩大为依职权监督提供了更多线索来源。

（二）贵州“三个结构比”所反映出的问题

1. “重刑事轻民行”现象仍在一定程度上存在。2020 年以来，贵州检察机关民事、行政、公益诉讼检察比重持续保持在 20% 以下，这一比例相较于北京 2024 年 39.6% 的占比存在明显差距，民事行政检察职能发挥还有提升的空间。刑事检察占比持续高位，反映出部分检察机关仍存在“重刑事轻民行”的传统思维定式，忽视了民事检察、行政检察和公益诉讼检察在维护社会公平正义、促进依法行政、保护公共利益等方面的重要作用。

2. 区域检察监督格局呈现分化态势。各地检察机关在履职重心方面呈现差异化特征，主要体现在办案规模上，反映出各地在法律监督理念转型升级上步调不一致。以最具典型性的 N 市与 L 市的案件结构比为例，虽然依程序办案数 N 市较 L 市少 600 余件，但其依职权监督数却多出 3000 余件，反映出 N 市更加注重“在办案中监督、在监督中办案”。再以 Q 市与 D 市的案源结构比为例，两地依程序移送案件量相近（Q 市比 D 市少 100 余件），但 Q 市主动发现案件比 D 市多了 2400 余件，原因是 Q 市在利用大数据法律监督模型等主动发现线索上成效更为明显。

3. 对“三个结构比”的认识还不够深。贵州检察机关近五年“三个结构比”总体稳定，如案源结构中主动发现案件占比最高值和最低值仅相差 5 个百分点，明显低于北京地区主动发现案件占比增长幅度（从 2020 年至 2024 年增加 44.6 个百分点）①，但这种变化更多的是受最高检工作部署等外部因素驱动，而非源于内生动力

① 《检察系统市人大代表眼中的北京检察工作报告》，载百度网，https：//baijiahao.baidu.com/s？id = 1821492322580379514&wfr = spider&for = pc。

的优化。关键原因在于贵州检察机关对结构比的认识还不够深，对其合理区间值缺乏研究，在优化结构比上方向不明、措施不多。

4. 缺乏动态监测与调控机制。从数据来看，各地“三个结构比”差异明显，基层院之间主动发现案件占比相差超过 28 个百分点，各地工作开展力度还不均衡。此外，尽管依程序办案规模与依职权监督案件呈现出一定的正相关关系，但这种联动效应在部分地区并未形成良性循环，某市总体办案量在全省位列前三，但依职权监督案件数却排在全省后三。这反映出贵州检察机关缺乏科学合理的动态监测机制，导致难以及时发现和解决突出问题。

三、准确应用“三个结构比”推动“四大检察”全面协调充分发展

（一）从“三个方面”运用好“三个结构比”

1. 运用履职结构比，把握“四大检察”案件总体态势。履职结构比的价值在于推动“四大检察”全面协调充分发展，关键看办案规模。从履职结构比的发展变化中，把握“四大检察”案件总体态势，统筹好质的有效提升和量的合理增长，有针对性地做优强项、补齐弱项。要站位宏观，分析“四大检察”办案数量及其占比，研判检察履职是否充分、监督短板是否补强，以及基层检察院之间的履职差异。要着眼于中观，聚焦某一个领域开展“解剖麻雀”式分析研判，从中发现异常数据和变化，找到制约法律监督职能发挥的关键点，对症下药。要聚焦微观，根据不同专项、不同重点的应用场景，有针对性地开展办案结构分析，确保法律监督焦点与党委工作重心同声相应、与经济社会发展需求同频共振。

2. 运用案件结构比，推动依职权监督合理增长。案件结构比的价值在于统筹办案和监督，关键看监督质效。要综合分析依程序办

案和依职权监督的占比，从案件结构比的发展变化中，审视监督职责履行情况，不断深化监督事项案件化办理，推动依职权监督合理增长，提升检察履职整体效能。要从发展态势和趋势的视角，及时发现业务数据异常现象，针对性纠偏正向、引领检察监督办案回归健康轨道。要注重从依程序办案中审视“程序空转”的问题，加强对立案、审判、执行活动的全流程监督，减少人民群众“诉累”，促进执法司法质效提升。要注重从依职权监督中审视侦查监督协作配合机制落实情况，提升监督精准性、规范性和实效性。

3. 运用案源结构比，拓宽法律监督线索渠道。案源结构比的价值在于促进主动履行法律监督职责，关键看主动发现线索情况。要从案源结构比的发展变化中，精准拓宽法律监督线索渠道，增强工作主动性。要透过依申请受案的比例看人民群众的司法需求是否满足、申请法律监督的渠道是否畅通、检察业务宣传是否到位、司法救济是否充足。要透过主动发现线索的比例看检察机关内部线索移送情况，加强法律监督模型的研发和应用，落实好一体履职、综合履职、区域检察协作等机制，统筹抓好内部和外部两个法律监督线索来源，不断提升发现线索、甄别线索的能力水平。

（二）准确理解应用“三个结构比”还需注重“三个观念”

1. 注重系统观念。系统观念强调用普遍联系的、全面系统的、发展变化的观点观察事物，才能把握事物发展规律。一是用整体的眼光进行评价。要正确处理“三个结构比”与检察工作其他衡量要素的关系，不能“一叶障目”，孤立地用“三个结构比”来衡量全部检察工作，更不能用“三个结构比”搞“一票否决”。要正确处理数量与质效的关系，结构比是数学意义上的比例关系，想要客观反映工作实际，必须引入案件数量进行考量，统筹好质的有效提升和量的合理增长，防止出现大起大落、此起彼伏。要正确处理整体与个体的关系，“三个结构比”是宏观参考，重在通过对一个地区、一段时间检察工作的分析研判，发现运行中的整体性、趋势性、苗头性问题，切忌将其直接用于对检察官个人的评价。二是用联系的、动态的、发展的眼光进行评价。要正确处理专业化办案与一体化履职的关系，既要充分考虑“四大检察”职能的差异，善于从全局谋划一域、以一域服务全局；坚持依法一体履职、综合履职，积极推动“四大检察”贯通融合监督、三级院一体接力监督，实现上下一体化、全院一盘棋。要基于检察办案实际和当地经济社会发展大局考虑，各地检察机关发展基础不同、环境不同，在业务素能、业务保障等方面可比性不强，不同层级检察机关工作重点、办案模式也不一样。“三个结构比”更宜作为研究性数据关系，而不是任务型指标，更要避免用“三个结构比”“一把尺子量到底”“上下一般粗”搞排名、搞评比。

2. 注重法治思维。运用“三个结构比”指导工作，必须立足法治思维和法治方式，确保各项检察工作在法治轨道上平稳前行。一是正确处理能动与规范的关系。改善“三个结构比”，重要方向是聚焦检察机关主责主业，依法主动地开展法律监督。而开展法律监督必须时刻绷紧严格依法履职这根线，牢记职责法定、恪守履职边界。不能办凑数案、注水案，拉高某些办案量、损害法治权威，更不能通过有案不立、压案不查等方式压低某些办案量、损害群众利益。二是正确处理治罪与治理的关系。应用“三个结构比”，既要在积极主动履行法律监督职责上做“加法”，也要在轻微刑事案件办理与社会治安综合治理上做“减法”。要积极探索“出刑入行”梯次处罚制度机制，让刑事案件数量及比例合理递减，民事、行政、公益诉讼检察案件比例相对增长。三是正确处理数据与管理的关系。要立足“高质效办好每一个案件”基本价值追求，树立正确政绩观，坚决杜绝为了“三个结构比”数据好看，不顾实际搞“内卷”，或者消极被动、怠于履职，搞“躺平”“摆烂”不作为。

3. 注重强基导向。“三个结构比”合不合理，归根结底要看检察办案整体质效高不高，其决定点在基层，必须把加强基层建设作为长久之计和固本之策。一是持续为基层减负赋能。严格贯彻落实《整治形式主义为基层减负若干规定》，坚决执行“一取消三不再”，持续深化整治形式主义为基层减负赋能。二是贯通推进“三个管理”。切实把检察管理从简单的数据管理调整到更加注重“三个管理”上来，引导各级检察机关进一步聚焦法律监督主责主业，进一步回归高质效办案本职本源。三是进一步向基层倾斜检察资源。根据监督办案实际需要，把更多资源、服务、管理下沉到基层，不断夯实检察基层基础。

四、 进一步优化“三个结构比”的对策建议

（一）做强刑检基本盘，推动监督质效双提升

聚焦主责主业。坚持“在办案中监督、在监督中办案”，杜绝“反管理”问题。抓实检察监督案件实质化办理，建立“立案—审查—调查—意见—归档”全流程闭环管理，强化监督规范性与实效性。抓实刑事检察全流程监督职能，在审查逮捕、审查起诉案件中嵌入监督线索筛查机制，减少程序冗余导致的案件虚增。

完善犯罪治理。探索常见犯罪非罪化分流，完善“出刑入行”梯次处罚制度，压减刑事案件总量。建立案件分类处置标准，对恶性犯罪依法从严，对轻微犯罪强化社会修复与教育惩戒。

（二）深化结构调整，完善检察履职格局

统筹推进三大检察监督。民事行政检察建立“专项治理+类案监督”模式，推动实现“办理一案、治理一片”效果。强化诉讼全

流程介入与个案精细化管理，优化依职权监督流程，实行“依申请受理”与“主动发现”双轨并行机制，分级管控办案程序。公益诉讼法定领域抓规范，严控“可诉性”标准；等外领域重精准拓源，拓展特殊群体权益保护、能源安全等新领域；完善“行政检察—公益诉讼”线索互转机制，实现双向赋能。

优化检力资源配置。依托“三个结构比”动态评估检察资源适配性，适当向民事行政、公益诉讼倾斜资源，推动“四大检察”资源配比从“集中用力”向“全面协调”转型，破解“重刑轻民”结构失衡问题。推动跨区域、跨部门协同，对系列案、刑民交叉案等实行“专班联办”，提升监督集约化水平。

（三）坚持内外融合贯通，释放监督线索数据源

对内整合挖掘。建立“全省一盘棋”线索管理机制，推行“一案多查 + 一体协同”模式，抓实内部法律监督线索移送，破解“主动监督薄弱”难题。强化数据赋能，依托办案系统数据库挖掘内生线索，保障依职权监督规模稳定增长。

对外深化协作。深化与政法机关协同，完善“府检联动”等机制，推动党委政法委执法监督与检察监督衔接。通过新媒体、短视频等渠道加强宣传，精准普法引导，提升影响力；推广线上申诉平台，简化监督申请流程，完善办结反馈机制，快速响应民生诉求。

（四）坚持数智赋能，推动个体增量向类案叠加

深化数字检察战略。落实“业务主导、数据整合、技术支撑、重在应用”工作要求，转“各院分散研发”为“省级统筹研判”，以线索集中分析提升模型适用性，扩大主动监督覆盖面。探索 DeepSeek 等大语言模型本地化部署和场景应用，将 AI 技术融入证据审查、监督线索识别等环节，增强线索筛查能力。

创新监督实施路径。聚焦社会治理难点，通过办理标志性典型性案件，推动形成“个案办理—类案监督—系统治理”闭环。针对类案问题强化调查核实，综合运用检察建议等方式推动系统性整改。建立“数据+模型+场景”融合机制，依托数据模型挖掘深层次治理难题，实现“被动监督”向“主动治理”升级。

（五）提升业务能力，激发履职内生动力

实施人才强检战略。构建“领军引领+全员提升”模式，积极开展检察业务专家、业务标兵选拔，以竞赛促学促用，以点带面强化队伍整体素能；推动跨部门轮岗、培训，推动人才从“单一专精”向“综合贯通”转型。

注重专项能力提升。注重培养数据管理、技术应用等专项技能，选优配强跨领域综合履职人才，提升监督线索挖掘与案件结构优化能力。

（六）一体抓实“三个管理”，驱动办案质量提档升级

健全管理机制。规范案件办理程序与职责清单，强化全流程监管，压实司法责任。优化全国检察业务应用系统，将流程监管嵌入办案全过程；建立监督线索闭环机制，实现案卡与文书内容自动匹配检测，对数据矛盾项强制提示拦截；强化结案后检查评查与责任落实，推动实现“问题案件+管理漏洞”双重纠偏。

建立监控评价体系。探索建立“三个结构比”监控评价体系，深化“三个结构比”一体化监控、分析，及时发现各地工作短板不足，引导全省检察机关“敢监督、善监督”，形成规范履职、争先创优的激励机制。

少数民族地区检察听证机制研究

——以N区检察听证工作开展情况为样本

张晓红　吉　超*

目　次

* 张晓红，内蒙古自治区呼和浩特市人民检察院党组书记、检察长；吉超，内蒙古自治区人民检察院案件管理办公室三级检察官助理。

（三）外部保障整合创新
（四）评估奖励机制整合创新

少数民族地区检察听证研究是探索民族地区落实全过程民主的重要途径。人民群众对公平正义的感受往往来自具体的案件，“努力让人民群众在每一个司法案件中感受到公平正义”是习近平总书记对新时代检察工作提出的要求。正义不但需要得到实现，更需要以“看得见”“听得到”的法治形式，切实让人民群众可感受、能感受、感受到。检察听证将民主程序引入检察工作的核心环节，即司法办案。与以往相对封闭、书面审查为主的办案模式相比，检察听证在办案中增加了一个面对面集中听取意见的环节，充分保障了人民群众对检察工作的知情权、参与权和监督权。在内蒙古地区司法实践中，草原地区地域辽阔，一些偏远地区面临着交通不便、语言不通等问题，深入研究符合民族地区检察听证工作机制，是铸牢中华民族共同体、落实全过程民主的重要途径。

一、N区检察机关听证工作开展情况

（一）听证数量大幅度上升，听证领域不断拓展

内蒙古检察机关以高度的政治自觉、法治自觉和检察自觉，全力推动检察听证工作持续全面发展，并取得明显成效。听证数量大幅度上升，听证领域不断拓展。近三年，全区听证案件数量持续上升，同比提升超90%。从层级来看，检察听证工作主要集中在基层，听证案件基层院占89.6%。从业务类别来看，听证案件类型已实现“四大检察”全覆盖，其中刑事占比57.1%，民事占比10.9%，行政占比5.7%。从案件类型来看，检察听证案件覆盖各项业务，听证工作全面推进。

（二）双语案件呈上升趋势，地区分布相对较集中

2022 年双语案件同比上升 47.7%，2023 年同比上升 15.1%。从地区分布情况来看，主要集中在少数民族较为密集的兴安盟、锡林郭勒盟、赤峰。从层级来看，兴安盟中旗院、锡林郭勒盟西乌旗院、赤峰阿鲁科尔沁院、通辽扎鲁特旗院四个院合占双语办案总量的 44.8%。在办理双语案件中，引入听证程序，对于查明案件信息、准确适用法律、强化释法说理等都具有重要的意义。

（三）听证员库建设不断完善，盟市听证员库全面设立

全区检察机关认真落实最高检关于加快推进听证员库建设相关工作的部署，全区三级院听证员库建设覆盖率近 70%，盟市地区院已全部设立了听证员库。从民族分布来看，少数民族听证员占 1/3。

（四）少数民族检察听证工作亮点突出，具有示范引领作用

2023 年最高检工作报告中提道“内蒙古两牧民因草场划界讼争多年，检察官实地走访，在争议草场主持听证，持续二十余载、跨越两代人的纠纷终以现场打桩定界、双方握手言和了结”①，给予内蒙古检察听证成效充分肯定。鄂尔多斯市伊金霍洛旗院办理的“某公司和丁某某非法占用农用地不起诉检察听证案”被最高检评为第五批听证典型案例。呼伦贝尔市鄂温克族自治旗立足鄂温克草原点多、线长、面广的地域特征，利用“草原检察直通车”深入苏木乡镇，组建“曦文昵”党员办案团队，通过“四种语言 + 检察听证”工作模式（四种语言以国家通用语言文字为主，蒙古语、鄂温克

① 参见《2023 年最高人民检察院工作报告》，载最高人民检察院官网，http：//www.gj.pro/gzbg/202303/t20230317_ 128820.html。

语、达斡尔语为辅），用心、用情、用力解决基层的困难事、牧民的烦心事，被《检察日报》、正义网等媒体多次报道，办理的案件还被最高检评为民事检察监督检察听证典型案例。

二、少数民族检察听证工作的实践困境

全区检察机关认真落实最高检关于加强检察听证工作的部署要求，在听证数量、听证质效、听证室和听证员库建设等方面均取得明显成效，少数民族检察听证工作在草原生态保护、野生动植物保护、解决草牧场争议等领域取得了良好的政治效果、法律效果和社会效果。但司法实践中，针对少数民族听证工作特殊性的制度设计仍然空白，实际工作中的问题也比较明显。

（一）机制运行实质化不到位

在少数民族检察听证工作中，从事前的听证会参加人的确定、听证方案的制定，到事中的听证的组织、召开，再到事后的总结提炼、宣传推广，针对少数民族特点的程序保障和权利保障的实质化保障还不充分。《人民检察院审查案件听证工作规定》对可以召开听证会的案件范围作出了界定，实践中容易出现两种倾向：一种是争议较大、矛盾突出、案情复杂的案件，鉴于舆情风险高、办理难度大等因素，导致应当听证的案件不组织听证；另一种是为追求听证案件量，对简单案件、争议不大的案件开展听证，听证走形式、走过场。特别是针对少数民族地区特有的地域文化特点，个别检察机关没有针对案件具体情况确定个性化的听证方案，在听证员的选取、听证流程的设计方面机械照搬现有规定，缺乏以人民为中心的办案理念，没有起到很好的释法说理、宣传普法、促进民族团结的效果。此外，公开听证的案件范围虽然能覆盖“四大检察”，但是从司法实践来看，主要集中在刑事案件，其案件量几乎是民事、行

政、公益案件量的总和，“四大检察”听证工作推进发展不均衡。

（二）听证会参加人的匹配度不高

在听证准备阶段，缺少相应的预备会议机制，检察官对听证员的专业素质能力了解不够，听证员没有提前对案件具体情况进行详细全面的掌握，听证员选取的匹配度不高。在听证员抽选过程中，一般会优先考虑选用联系频繁、配合度高的听证员，对于案件情况、文化背景、群众接纳度等因素考虑不充分。这导致选出的听证员发表的意见的群众接纳度、认可度不高，使听证工作流于形式。随着整体办案量的提升，蒙古文案件量也有所增加，但蒙古文案件极少适用听证，相关部门参与度不高、缺乏参与听证的积极性。

（三）外部保障精细化不充分

双语听证员库组建及听证员、翻译人员的费用保障机制还不健全，涉及偏远地区的检察听证工作送法上门、检察直通车开到牧区草场、蒙古包旁边听证等保障措施尚未形成制度化、常态化、规范化的机制。听证工作的顺利开展离不开人、财、物的充分保障。听证员选取不精准既有个别检察官认识不到位的主观因素，也有听证员库建设不到位的客观因素。由于蒙汉兼通双语听证员占比较少，涉及蒙汉双语领域的专家储备不充分，难以听取到有专业性和参考价值的意见。能够熟练适用双语开展听证、制作双语法律文书的人员极少，专职从事听证工作的蒙汉双语人员也较少，导致相关人员对听证理论知识的掌握不够深入透彻。在听证过程中，翻译标准不统一、不规范，口语转化为书面语、生活用语转化为法言法语等缺乏标准和规范。内蒙古检察机关认真贯彻“应听证尽听证”的要求，积极推进听证室建设，全区已基本全面建成听证室，听证室的硬件保障也相对完备，能基本满足大多数地区的工作需要。但现有听证室的配置仍存在蒙汉翻译的相关技术设备不完善、智能化配置水平不高、没有专门配置专业翻译人员的问题；在运用网络直播等大数据现代媒体转播方式存在受众面单一的问题。当前的听证检察工作没有充分发挥司法机关的职能作用、满足蒙古族群众的要求。

（四）效果评估实质化不足

部分地区对于听证工作的开展仍在仅追求数量的阶段，对于矛盾纠纷实质性化解、听证效果跟踪保障、听证成效推广宣传的评估机制尚未建立，鼓励针对疑难复杂案件、生态保护、沿边口岸统一经济发展等问题开展检察听证工作的政治导向还不明显。现有听证工作评价的维度还不全面，很多地方对听证工作的评价仅停留在开展听证案件的数量、典型案例的数量两个层面。对案件复杂程度、工作强度缺乏系统评价，特别是针对双语案件，可能需要制作双语文书、深入偏远地区等工作量未能体现在考核评价中，对后期的跟踪回访、矛盾纠纷的实质性化解、促进社会治理成效缺乏效果评估，不利于激发检察干警开展双语检察听证工作的积极性。

三、 少数民族地区检察听证机制的整合创新

检察听证是新时代检察机关主动转变司法理念、改进办案方式、广泛听取意见、接受外部监督的一项重要制度，① 是扎实推进全过程人民民主，推动高质效办案外部监督的重要举措，是铸牢中华民族共同体意识、推进中国式现代化的重要举措。扎实开展少数民族地区检察听证工作，除了深入贯彻落实现有制度机制，还需要民族地区检察机关充分发挥主观能动性，提升创新意识，做好现有机制的整合创新。这一整合创新主要从四个方面展开：一是制度整

① 参见彭玉：《认真对待检察听证》，载《检察日报》2021 年 8 月 6 日第 3 版。

合创新，在民事、行政、公益检察听证中融入少数民族地区的特色和需求。二是主体整合创新，注重融入少数民族主体，确保少数民族主体在检察听证中的充分参与性和代表性。三是外部保障整合创新，使听证程序更加符合少数民族地区的实际情况和需求。四是评估奖励机制整合创新，对听证案件的工作强度、开展质量、实际效果进行全方位的评价，并拓宽奖励激励途径，激发检察干警全面开展高质量听证的内生动力。

（一）制度整合创新

一是统筹推进“四大检察”听证工作协调发展，以更高站位服务保障“两件大事”。针对少数民族地区多发的主要案件类型，结合习近平总书记交给内蒙古自治区的“两件大事”，在黄河流域生态保护、野生动植物保护、矿山安全生产等领域加大听证力度，把少数民族听证工作与“法润边疆·法治同行”双语普法送基层活动紧密结合起来，打造一批紧贴民族地区工作的高质量听证案例。二是全流程细化优化听证程序，以更强宗旨意识确保听证实效。承办检察官提前分析评判本次听证会对听证员的专业需求，以需求为导向，有针对性地制定邀请方案。制定统一的听证员需求单，由联络部门依据需求在听证员人才库的相应类别里随机筛选，最后征求案件当事人意见。在双语听证案件中，积极推行双语听证引导机制，在办理涉及少数民族群众的案件时，指派通晓双语的办案人员及听证员，用双语与当事人进行交流。探索建立听证员互联网阅卷制度，确保听证员全面了解案件具体情况，准确发表听证意见。在听证会准备阶段，兼顾案件保密等因素合理安排听证员提前审阅案卷材料，提升听证意见针对性、客观性、准确性。三是进一步提升听证的公开程度。以公开促公正赢公信，充分利用中国检察听证网，“两微一端”，新闻媒体，涉案当事人所在村镇社区公告栏、滚动屏等媒介，让更多符合条件的群众参与到公开听证中，在深入推进直播听证的基础上，结合少数民族地区特点，开展蒙古包听证会、草地听证会、草原直通车听证等多种听证方式。

（二）主体整合创新

一是完善听证员选任机制。现有听证员主要由政协委员、人大代表和人民监督员组成，应针对不同地区实际情况，除以“四大检察”为导向，选取专业知识、政治素养过硬的人员作为听证员以外，针对林区、牧区、多民族聚居地区等情况，选取一些在当地有较高威望、了解地区文化生活习惯、善于做群众工作、熟练掌握本民族语言和通用语言的人员加入听证员队伍。二是提升听证员抽选匹配度。对入库听证员进行进一步分类管理。对听证员熟悉的领域、专业知识能力、掌握语言文字情况等多维度信息进行采集，数字化管理，在面对重大疑难复杂案件时，采用大数据比对分析等方式，推选出精准匹配实际工作需要的听证员。三是建立蒙汉双语案件检察听证员库。既要注重从特约监督员、专家学者中选任听证员，也要注意将村（居）委会、牧民、公益组织及人民调解员等社会组织纳入视野，建立全面统一的双语案件检察听证人才数据库，针对双语听证员开展民族政策、法律知识专题宣讲，提升双语听证员整体素质能力，打造一支能够用“群众听得懂的法言法语”参与双语听证案件的听证员队伍。

（三）外部保障整合创新

一是建立听证员经费保障、业务素质提升机制。在听证员分类管理的基础上，健全听证员经费保障制度，对具有专业技术类、专家类、双语听证员等给予一定的经费倾斜，激发他们的听证积极性。同时，加强对听证员的专业技术培训，定期向听证员印发典型案例，充分发挥典型案例的引领示范指导作用。开展听证员、检察官同堂培训，提升听证员的政治素质、业务素质和职业道德素质，建立一支“政治上靠得住、工作中用得上、发展上有潜力”的听证员队伍。二是强化硬件保障、提升检察技术水平。强化听证室建设，进一步推动检察办案与新科技的深度融合，遵循因地制宜、适用可行原则，配齐配强听证硬件设施，为双语案件检察听证提供坚实的硬件保障。开发双语即时翻译软件，形成“检察＋科技”的办案工作新模式，有效提升检察办案质量效率和司法公信力；坚持智能化导向，通过听证过程管控、听证远程视频接入、听证互联网直播、听证设备联动、听证数据统计等功能，整体提升听证的规范化、智能化、公开化水平，让社会各界“零距离”了解司法、参与司法、监督司法，实现公平正义“可感可触”，努力保障少数民族群众依法使用本民族语言文字进行诉讼的权利。三是加大听证工作宣传力度，探索“双语普法＋听证”新模式，提高公众知悉度。加强听证工作宣传，举办双语检察听证主题宣传周活动，集中宣传介绍检察听证工作，将《人民检察院审查案件听证工作规定》出台的背景和意义通过集中宣讲、进村入户、以案释法、举办法治讲座等方式，有效提高人民群众对检察听证工作的知晓度和参与度。对少数民族密集度较高地区，增加蒙文服务平台，开设检察听证宣传专栏，定期更新内容，开通普法直播间，每月通过以案释法、互动问答的方式开展主题检察听证宣传活动，提高双语检察听证案件质量，为检察听证的推广营造浓厚的法治氛围。

（四）评估奖励机制整合创新

一是建立立体化听证案件评估机制。对听证案件从质量、效率、效果等方面综合设计合理的评价标准，多维度评估听证案件复杂程度、舆情风险程度、流程规范程度、释法说理矛盾化解程度等具体情况，对案件的办案强度有一个整体评价，鼓励检察官多办案情疑难复杂、矛盾纠纷争议大的听证案件。二是将听证案件办理质效纳入考核。在对听证案件的强度、难度进行分级评估后，将听证案件办案质效纳入检察官业绩考核，杜绝办好办坏一个样、办多办少一个样、办简单办复杂一个样的平面化考核，让检察听证成效成为办案质效的一个评价因素。针对双语案件检察听证工作在翻译、释法说理、文书制作、矛盾化解过程中可能产生工作量翻倍的情况，在考核评价分数上要有所体现，调动检察官主动在双语检察案件中引入检察听证的积极性，提高检察听证在双语案件中的适用率，推动民族地区听证工作全面发展。三是合理完善检察听证奖惩机制。根据民族地方实际，有针对性地开展典型案例评选、优秀听证案例讲评等活动，从促进民族团结、维护边疆稳固、保护生态安全等角度选树典型，打造一批服务保障大局、具有民族地域发展特点的听证案例，以内蒙古样本丰富完善少数民族地区检察听证实践。

流程监控实质化的问题意识及其探索*

徐俊驰　张熙婷**

目　次

流程监控是案件管理部门履行对办案活动集中管理、专门管理职责的重要形式，是《最高人民检察院关于加快推进新时代检察业务管理现代化的意见》（以下简称《意见》）、《检察机关案件管理部门贯彻落实〈最高人民检察院关于加快推进新时代检察业务管理现代化的意见〉的实施意见》（以下简称《实施意见》）确定的经常性、基础性工作。自案件管理机制改革以来，特别是《人民检察院案件流程监控工作规定（试行）》（以下简称《规定》）以及刑事、民事、行政、公益诉讼检察办案等专项监控要点印发以来，各

---

* 本文系2024年度最高人民检察院检察案件管理理论课题“以系统观念推动案件管理机制运行一体化研究”的阶段性成果。

** 徐俊驰，四川省自贡市人民检察院党组副书记、常务副检察长，三级高级检察官；张熙婷，四川省人民检察院案件管理办公室副主任，三级高级检察官。

地流程监控工作持续深化，同时也反映出短板弱项和不足，比较典型的是较为普遍的监控“走过场”“形式化”倾向。[①] 鉴于此，以贯彻落实《意见》《实施意见》精神，承担流程监控实质化试点为契机，我们对相关情况进行了梳理、剖析，主要从锚定问题、一体履职、技术赋能等方面布置针对性举措，取得初步成效。现就重点情况作一探讨。

一、 流程监控实质化的理解认识

综合《规定》所用界定和日常讨论，通常意义上的流程监控，是指对正在受理或者在办案件程序合法性的监督、控制，突出特点是事中监督、过程控制，具有实时性、动态性；如果与受案审查、结案审核、案卷流转、线索移送、涉案财物保管、信息查询、辩护人和诉讼代理人接待等事务性、服务性的工作内容相联系，则构成了更宽泛的流程管理概念。而工作中所说的“走过场”“形式化”问题，集中在具有业务性、监督性的流程监控中，主要表现：流程监控开展少，或者虽有开展但比较随意，计划性、针对性不足；发现法律文书制作、案卡填录、系统使用的浅层次瑕疵问题多，而违反法律、司法解释规定的严重、深层次问题少；指出问题时使用口头提醒多，而流程监控通知发送次数少、向检察长报告少；对问题的整改，“一说了事”“一发了事”多，而跟进督促少。以前述典型问题为标靶，对流程监控实质化的把握主要有四个方面。

第一，厘清问题的类型和原因。“走过场”“形式化”问题的核心是案件管理部门在履职中发现和指出的严重、深层次问题少。究其原因，一是客观地看，当前严重程序违法情形本身有所减少。这

---

① 参见中国军：《检察机关案件流程监控工作的检视》，载《中国检察官》2023 年第 23 期。

与前期规范化建设取得阶段性成效，特别是与办理、管理、统计全面转到线上后，系统自动预警羁押案件办案期限，以及检察侦查职权明显限缩后，涉案财物的查扣冻、处置事项减少有关。二是有与办案质量评查、数据质量核查等履职中“同级管理难”“同体监督难”相通的共性原因。这与现行机制下更多的是将流程监控看作办案单位内部同级管理的定位相关。三是有流程监控本身的原因，即侧重于程序监督，而程序性问题多数简单。同时，少数程序性问题暗含多样性、复杂性，在办案部门与案件管理部门之间，对是否直接侵害当事人、辩护人、诉讼代理人权益，是否可能影响案件的实体结果，是否属情节严重存有认识分歧。四是能力不足。当前仍处在从人工监控向信息化监控转变的阶段，数字化智能化监控尚未到位，多数单位从事流程监控的力量不足，限制了实际的力度和效果。另外，在对整体业务管理、案件管理、质量管理提出更高要求的形势下，又有相当数量的新类型或者说更高层次的程序性问题值得纳入流程监控的范围，如在不超期前提下的办案时长和结案均衡性问题，这也是当前布置流程监控实质化试点的必要意义所在。

第二，合理界定流程监控实质化的内涵。实质化开展流程监控，一是应当建立健全机制和制定计划，确保流程监控的开展频次更多、覆盖范围更广，兼顾常规监控和专项监控，提高针对性。二是流程监控应当注重查找更多重要问题，既包括涉及案件管辖、办案程序、办案权限、办案期限、权益保障等典型程序性问题，也包括其他可能影响案件实体处理的程序性问题，还有发现和移送法律监督线索。当然，对实体错误和法律监督线索，更多的是转交和督促办案部门履行审查职责。① 三是所发现问题的整改要求更具刚性，

① 参见邢晓冬：《检察机关案管部门履行法律监督职能的路径》，载《人民检察》2019年第22期。

结果运用更实。这要求工作中有必要的督促、惩戒措施，同时也要顾及程序性问题本身在违法性质、程度、范围上的特点，避免小题大做。四是试点语境下讨论流程监控，还可以引入广义流程管理的建设性和事前预防功能，注意发现个案问题、解决类案问题。这涉及更宽泛意义上的流程管理对流程本身的识别规划、实施控制、评估改进等功能，① 提醒案件管理部门结合履职，更加靠前地参与司法规范化建设和流程再造。

第三，落实好经常性、基础性任务。解决以往监控“走过场”“形式化”问题，当前仍然要强调，必须对照《规定》以及专项监控要点，抓好在基层院办案和流程监控工作中的理解适用。方法上，要抓住共性问题，落实对“提醒—整改—通报”递进式监管机制的要求，加强对流程监控的计划性、针对性做统一部署安排。效果上，兼顾常规监控、专项监控，争取做到“提醒全覆盖、整改大多数、通报极少数”。同时，结合落实《意见》《实施意见》对“构建检察业务管理一体化运行机制”的部署要求，更好发挥枢纽作用和压实“管好管理”责任，减轻案多事多人少、“同级管理难”与“同体监督难”问题。

第四，摸索推进流程监控与法律监督线索管理工作相协同。理念上要强化保障，认清履行法律监督职责的价值，提高自信，同时也注意谨守职责界限。② 主要考虑两条路径，一是侧重与质量评查相衔接，如对移送机关撤回移送审查起诉案件等开展专项监管，以发现可能影响案件实体处理的程序性问题作为切入点，建立流程监控转质量评查机制，查找对公安机关侦查活动的监督线索；二是侧

① 参见郑雷、徐俊驰：《案件流程管理的信息化功能及其改进思路》，载《人民检察》2014 年第 23 期。

② 参见邢晓冬：《检察机关案管部门履行法律监督职能的路径》，载《人民检察》2019 年第 22 期。

重与数据质量核查相融合，利用数据筛查来梳理、校验问题点位及规则，抓住收送案、接受法律文书等环节，提高对法院裁判结果和审判活动违法的监督线索发现能力。这也体现了《意见》《实施意见》对“建立完善案件管理履职一体化机制”的要求，以及加强案件管理部门自身职能整合的相关精神。

二、流程监控实质化的组织实施

从效果来看，自流程监控实质化试点启动以来，省、市、县试点单位开展流程监控的频次明显提高、覆盖范围持续扩大，发现和指出问题特别是典型程序性问题，以及延伸出的实体性问题、发现和移送法律监督线索的数量都有较大幅度增长，办案机制建设也取得进展。主要做法有四个方面：

第一，始终强调锚定问题。在学好用好《意见》《实施意见》《规定》的基础上，组织对刑事、民事、行政、公益诉讼检察办案等专项监控要点的再学习再梳理，既肯定其全面性，也认识到其相对于工作新近发展的局限性，提出要进一步突出重点，做好问题点位及规则的筛选和补充。一是注意从最高检业务数据分析报告、单项监管通报中认领问题。例如，对照最高检业务数据分析报告，查找省内部分地区移送机关撤回移送审查起诉案件数量较多的问题；又如，参照最高检对省级院所办的长期未结案件单项通报，延伸开展对省内长期未结案件的常规监控。二是结合党委政法委执法检查反馈意见等筛选问题，持续关注专项检查中指出的审查起诉环节案件长期未结、立案监督“数据美容”。三是注意从日常履职中积累问题，例如，将罚金或没收财产不当、缓刑考验期错误等量刑建议和法院判决“低级错误”，纳入法律监督线索筛查范围。

第二，从“小管理”一体化的维度，强调职能整合。这也是集中管理、专门管理意义上机制运行一体化的需要。一是结合落实

“提醒—整改—通报”递进式监管机制要求，进一步深化省内原有的“周提醒”“月警告”“季通报”做法。具体操作上，省院每周选取若干点位集中开展全省性有重点的流程监控，形成详细的问题列表，以监管提示方式分发下级院，市级院同步督促基层院整改，将整改不到位的纳入监管通报。二是优化提级监管。结合贯彻落实《意见》《实施意见》，省院层面提出“集中巡查、逐级督办、限期整改”的更进一步要求，并将发现的突出问题纳入省内条线对下调度，强化问题剖析、讲评。三是探索融合监管。省院层面主要是学习最高检做法，将流程监控成果纳入业务数据分析研判会商，支持市县试点单位各有侧重地与质量评查相衔接、与数据质量核查相融合，同步着力发现和移送高质量的法律监督线索。同时，既注重在流程监控中及时发现和纠正业务信息填录不完整、不准确，案件处理意见明显不当等问题；也注重在开展数据质量核查时整理办案过程中容易出现的关联差错，纳入日常流程监控范围。

第三，从“大管理”一体化的维度，强调建强机制。这是落实全方位、立体化业务管理组织体系和案件管理部门枢纽职责的具体举措。一是健全对检察长、检委会汇报机制。省院层面将刑事、民事、行政检察条线中案件长期未结、移送机关撤回移送审查起诉案件数量多等流程监控中掌握问题纳入业务数据分析报告和单项监管报告，提请检察委员会审议或者向检察长汇报，将监管意见转化为领导要求，配套建立综合通报、单项通报、专题通报相结合的监管通报，督促相应条线组织开展专项清理工作。市、县院层面除深化业务数据分析研判会商机制之外，摸索检察长领导下流程监控转质量评查、促个案办理与类案规范的做法。比如，有试点单位在流程监控中发现，某案同意公安机关撤回程序不规范，制发流程监控提示函的同时启动质量评查工作。经评查认为，该案犯罪事实基本清楚、证据基本确实充分，应依法追诉，遂报请检察长同意，将线索移送刑事检察部门，由刑事检察部门研究提出补侦意见。该案补充证据后再次移诉，起诉后获有罪判决。二是完善与办案部门会商机制。针对“边改边犯”情况，加强与办案部门沟通协调。省院层面按季度开展部门间综合会商，通报业务管理工作情况，重点是共同学习最高检业务数据分析报告、单项监管通报，就省内发现问题交换意见。另外，结合刑事检察条线承担的“推进和规范数字赋能立案监督”试点，针对立案监督工作中出现的新情况，探索“建议立案、移送立案、监督立案”新机制，与刑事检察部门举行专题会商，在提出“挤水分”监管意见的同时，确立试点期间对变通使用提前介入、立案监督流程办理相关案件，不认为是流程使用和案卡填录违规的共识，旨在推动流程再造。三是做实与检务督查衔接机制。总结提炼将数据质量核查纳入专项督察的经验，将案件长期未结、立案监督“数据美容”等党委政法委执法检查范围内问题整改情况，纳入专项督察计划。

第四，因地制宜，强调用好技术赋能。一是坚持用好检察业务应用系统及其流程监控模块的基础功能，落实好到期提示等基本要求。二是持续完善省内流程监控系统。依规则筛查问题并推送承办检察官，增强流程监控的系统性、针对性和可操作性。例如，系统发现某试点单位检察官在量刑建议中拟建议判处被告人有期徒刑，缓刑考验期十个月，遂立即推送该案量刑建议错误线索，使得该错误在开庭前得到纠正。三是推进低代码建模赋能工作。突出“目光向内”，集中用好用活内部数据，持续积累问题点位和细化规则。例如，搭建退查重报监管模型，对退查未重报，超期重报、超期未重报未及时要求侦查机关说明理由等情况进行筛查，推动最高检业务数据分析报告所指出的问题得到常态化治理。

三、 需要研究的问题及相关建议

总的来看，省、市、县试点单位在推进流程监控实质化，特别是加强程序性问题和法律监督线索发现上取得初步成效。同时，工作中也反映出新情况，需要持续研究，主要有四个方面。

第一，流程监控自身的流程还需细化，集中表现在对“书面流程监控通知书发出率”中性指标的理解还要深化。一是提级监管中，上级院案件管理部门发现下级院办案不规范情形，有的试点单位采取的是列表提醒，偏重类型化问题；有的试点单位采取的是发函提示，偏重个案问题，但都没有使用书面流程监控通知书。前述操作是否妥当，还要研究。其主要背景是，《规定》主要将流程监控界定为办案单位内部同级监督，设计了口头提醒、发送流程监控通知书、发送流程监控通知书并报告检察长三种监控具体措施，对提级监管的特殊性考虑不足。二是同级监管中，也还存在如何区分“几种形态”问题。有的试点单位研究了实施细则，如对于一般案卡填录错误、法律文书制作、系统使用不规范，未影响案件质量和造成重大影响的，限于适用口头提醒，对可能影响业务管理、决策的，则发出流程监控通知书并报告检察长。但这类意见仍不够精细，下一步还要持续总结完善。三是不论提级监控还是同级监控，如果是按照“提醒—整改—通报”递进式监管机制开展，除少量程序上确实无法回转的案件之外，基本能做到全面整改，由此必然导致发送书面流程监控通知书的数量更少。这就要求科学理解和运用“不是越高越好，也不是越低越好”的中性指标所具有的评价、指导作用。

第二，流程监控与质量评查、数据质量核查既要衔接融合，也要注意界限。流程监控、质量评查、数据质量核查同为案件管理部门主责主业，但各有侧重。例如，狭义流程监控强调对程序性问题的事中监控，慎于对实体问题提出意见；广义流程监控还包括受案、结案、送案等环节审核审查，但一般限于形式审查；质量评查可对办案程序和实体进行评价，但需要在案后开展；数据质量核查和大数据思维下的碰撞筛查，主要是对存量数据的准确性、完整性有针对性地开展监管。融合监管中，职能整合有利于提升监管质效，但也应该有一定界限。工作中，不论是对公安机关侦查活动合法性判断的介入，还是对法院裁判结果的评价，都可能突破狭义流程监控的时机和手段限制。就案件管理部门内部而言，一是继续梳理流程监控所积累问题点位，纳入质量评查、数据质量核查共用的监管清单；二是质量评查、数据质量核查中发现的问题点位也视情应用在流程监控中。就与办案部门关系而言，在坚持流程监控侧重于事中发现程序性问题的基础上，要进一步优化法律监督线索发现、移送机制。涉及可能影响案件实体处理的程序性问题，要加强沟通，尊重和配合办案部门开展工作。

第三，对各级检察院“各有侧重”职能布局的理解还要深化。按照《意见》《实施意见》精神，流程监控是案件管理部门经常性、基础性工作，纵向维度上必然向主要办理捕诉案件、公益诉讼检察案件的基层院集中。当前各地案件管理部门普遍存在案多事多人少的情况，短期内要增加流程监控人员难度较大。而在信息化数字化智能化系统建设尚未取得突破性进展和全面部署推广的情况下，当前重点仍是建强机制，按照一体履职的思路，更加注重发挥上级院梳理问题点位和提示、通报、讲评的作用，指导各地找准问题和督促抓好整改。当然，即使同样是基层院，因业务体量、类型、结构等差异，也应注意横向维度上各有侧重。上级院应该重点帮助办案量大且自身监控力量薄弱的单位，抓好存量问题消解和新增问题预防。

第四，信息化数字化智能化系统建设还有明显不足。长期来看，解决案件管理部门案多事多人少矛盾的根本策略，是推进包括流程监控在内的“智慧案管”信息化数字化智能化系统建设。建设自动化的流程监控系统，取代原有人工监控，将个案监控拓展为类案监控为主、个案监控为辅，将事后监督延伸至事前监督、事中监督。① 同时也要看到，当前检察业务应用系统中的流程监控模块和省内自行研发的流程监控系统的功能和规则还不够全面，其基础逻辑是案卡项比对，还没有实现对法律文书的语义识别，无法抓取法律文书内信息，对数据分析运用不够，需要作针对性改进。近期，在各地逐渐推广的低代码建模工作，尽管具有突出的便利性、经济性，但主要还是用于对存量数据的集中筛查以及对规则可行性的验证，最终还是以嵌入系统为宜。同时也建议，关于监管和办案系统的建设，要突出系统观念所要求的“前瞻性思考、全局性谋划、整体性推进”。日常监管中发现的常见多发问题点位，要尽快融入系统并提前到办案环节，实现自动提醒、自动控制，再匹配案件管理部门的跟进监管，更有利于提高效率。比如，以往出现较多的缓刑考验期错误问题，可将规则前置嵌入案卡填录环节，当所填内容不符合法条规定时，系统立即提醒承办检察官更正；再如，对拟作证据不足不起诉案件，可限制未退回补充侦查案件制作和审签不起诉决定书。再往前一步，建议将流程监控和数据质量核查相整合，案件办结前检察官可进行“一键自检”，根据提醒，完善流程操作、案卡填录和制作法律文书，提高司法规范化水平。

四、结语

当前，要实质化开展流程监控，必须下决心改变“走过场”

① 参见中国军：《“智慧案管”体系建设与实施路径》，载《人民检察》2021 年第 Z1 期。

“形式化”问题，促进流程监控从以数量为主向以质量为主转变。[①]这是写入《意见》《实施意见》的工作要求，也对案件管理部门承担业务管理枢纽作用具有支撑意义。下一步，需要在坚持鲜明的问题意识，紧盯影响办案质效的严重违反法定程序和可能影响案件实体处理的程序性问题的同时，更加注重案件管理部门的自身履职规范化建设与机制运行一体化、队伍建设专业化、工作保障信息化数字化智能化同向发力，以严格程序巩固高质效办案的基础。

① 参见申国军：《检察机关案件流程监控工作的检视》，载《中国检察官》2023年第23期。

新时代“枫桥经验”视野下检察听证实证研究

——以X直辖市Y检察分院辖区1649件检察听证案件为样本

天津市人民检察院第二分院课题组*

目　次

* 课题组成员：任庆明，天津市人民检察院第二分院党组成员、副检察长；刘莹，天津市人民检察院第二分院综合业务部（检务督察部）副主任，三级高级检察官；任庆明，天津市人民检察院第二分院综合业务部（检务督察部）二级高级检察官；王江江，天津市人民检察院第二分院综合业务部（检务督察部）二级检察官助理；魏思诺，天津市人民检察院第二分院综合业务部（检务督察部）三级检察官助理。

（一）强化检察听证的工作制度保障

（二）深化检察听证的实证成效

（三）细化检察听证的供给配套保障

“枫桥经验”注重矛盾的预防和化解，新时代“枫桥经验”强调综合治理，鼓励多元参与。检察听证可以使案件当事人充分参与到每个案件中，使案件当事人真正享有和行使他们在案件中的权利，实现检察机关、审判机关及案件当事人在听证过程中针对案件阐述观点、表达诉求、回应诉求的目的，从而保证司法民主和司法公正的真正实现。听证制度融入检察监督办案活动是确保程序正当、落实司法民主和司法公开的必然要求，是求索司法公正、践行实质法治的基本旨趣，是有效化解矛盾纠纷、推进国家治理体系和治理能力现代化的题中之义。[①] 党中央印发的《中共中央关于加强新时代检察机关法律监督工作的意见》明确指出“引入听证等方式审查办理疑难案件”，将检察听证上升为党中央的制度性安排。

通过听证的广泛应用，检察权运行方式持续优化，在检察领域探索出一个立足中国国情、融入传统文化、践行新时代“枫桥经验”的正当程序制度样式。但根据近三年《最高人民检察院工作报告》公布的数据来看，全国范围内检察听证覆盖的案件范围依然有限，听证适用率存在地区分布不均的问题。目前本地区内基于数据样本的检察听证实证研究几近空白，本文以X直辖市Y检察分院辖区听证案件为样本，对检察听证的适用范围、功能定位、操作程序、人员选任等开展研究，以期渐进式推进“应听证尽听证”改革目标的实现。

① 李淮：《检察听证的功能定位》，载《人民检察》2023年第14期。

一、 辖区检察听证实践运行状况考察

为研究2020年《人民检察院审查案件听证工作规定》（以下简称《听证工作规定》）出台之后听证制度的运行情况，数据样本选取范围为2021年至2024年9月X直辖市Y检察分院辖区院检察听证及结构比的相关数据，经过筛查、整理，形成有效数据样本。

（一）检察听证的基本概况

1. 听证活动的频次与趋势。自2021年至2024年9月，X直辖市Y检察分院所辖各院共计开展检察听证1649件次，这一数字呈现逐年显著攀升的态势，标志着检察听证的应用范围与频率正持续扩大。结合同期各院的案件处理总量来看，这一增长趋势更为明显：2021年，Y检察分院辖区院共处理了11494件案件，其中215件次采用了听证方式，占比1.87%，尚处低位；2022年，随着办案总量下降至10456件，听证数量跃升至373件次，占比激增至3.57%，实现了初步飞跃；2023年，办案总量大幅上升至15384件，听证数量也随之水涨船高，达到584件次，占比稳定提升至3.80%；截至2024年9月，尽管办案总量为10845件，但听证数量已达477件次，占比攀升至4.40%，反映出听证机制在该区域正逐步深化其影响力。

对比《最高人民检察院工作报告》中的全国数据，这一增长趋势虽显著，但仍存在差距：2021年全国检察机关共开展听证10.5万余件，占办案总量的2.88%，Y检察分院辖区院起步稍缓，2021年开展听证数量占办案总量的1.87%；至2023年，全国检察机关听证数量激增至25.8万余件，占办案总量的比值跃升至5.20%，而Y检察分院辖区院虽听证占比有所提升，但仍未能达到同年度的全国平均水平，显示出在提升听证应用效率与普及度方面，仍有较

大的发展空间与潜力待挖掘。

2. 听证形式。2021 年至 2024 年 9 月 Y 检察分院辖区院共开展听证 1649 件次，其中，公开听证占据了主导地位，达到了 1414 件次，占比高达 85.75%，不公开听证为 235 件次，占比 14.25%（见图 1）。从年度趋势上分析，这一时期内，Y 检察分院辖区院始终坚持以公开听证为主要形式，辅以不公开听证，且每年的比重均保持相对稳定，显示出一种持续且一致的工作策略。

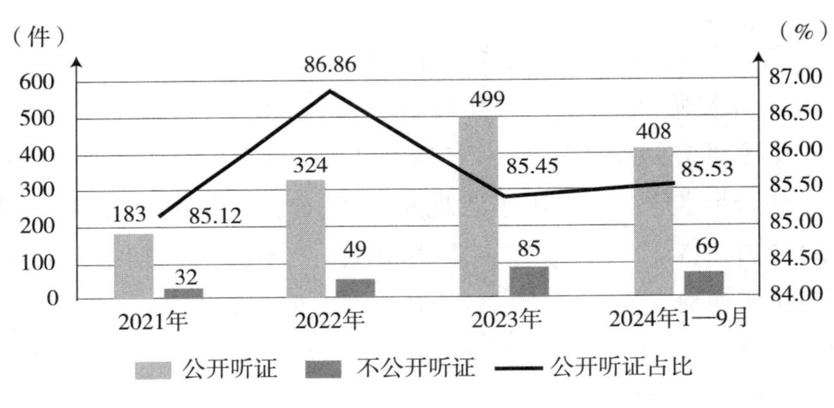

图 1　2021 年至 2024 年 9 月听证形式概况

依据《听证工作规定》，审查逮捕案件、羁押必要性审查案件以及涉及未成年人的案件，其听证会采取不公开的方式进行。进一步分析 2021 年至 2024 年 9 月 Y 检察分院辖区院的不公开听证案件类型，可以发现这些案件类型相对集中在一审公诉案件、审查逮捕案件。所有不公开听证案件中，涉及未成年人的案件占比达到 20.94%，这一比例凸显了检察机关在保护未成年人权益方面的重视与努力。

3. 听证案件类型。2021 年至 2024 年 9 月 Y 检察分院辖区院在检察业务应用系统中填录的有效数据样本为 1558 份。其中，开展检察听证的案件类型具体为：审查逮捕案件占比 4.56%、羁押必要性审查案件占比 2.1%、拟不起诉案件占比 51.8%、刑事申诉案件占比 2.4%。在民事与行政监督领域，民事诉讼监督案件占比 9.8%，行政诉讼监督案件占比 3.9%，这些案件的处理不仅维护了司法权威，更促进了社会公平正义的实现。在公益诉讼领域，民事公益诉讼案件占比 1.03%，行政公益诉讼案件占比 19.5%，反映了检察机关在推动行政机关依法履职、保护国家利益和社会公共利益方面的坚定决心与显著成效。其他类型案件共计占比为 4.8%，实现了九种听证类型全覆盖。但是各种案件类型之间数量差异较大，还存在“偏科”的问题。

（二）检察听证参与者的特征分析

1. 听证员身份职业。2021 年至 2024 年 9 月 Y 检察分院辖区院共有 3993 人次听证员参与检察听证活动，按照身份类型划分，人民监督员作为检察听证参与者的占比最大，达到 38.1%，作为独立于检察机关的第三方，他们的参与在提升司法透明度与公信力，保障人民群众的知情权、参与权和监督权，促进检察办案规范化，增强司法权威与影响力，以及推动法治建设与社会和谐等方面发挥着重要作用；其次为其他社会人士，占比 31.3%，这其中执业律师作为听证员参与检察听证活动居多，执业律师具备专业的法律知识和丰富的实践经验，能够在案件的事实认定、法律适用和证据采信等方面提供精准的法律意见。听证员为人大代表和政协委员的比重分别是 11.7% 和 4.6%，一方面，人大代表和政协委员的参与对检察机关的办案程序、事实认定、法律适用等方面进行监督；另一方面，他们在提供专业意见和建议以及促进社会各界沟通等方面发挥着重要作用，有助于推动司法公正、增强司法公信力、促进法治建设和社会和谐。当事人所在单位代表占比为 11.2%，他们的参与能够为检察机关提供更为详尽的案件背景信息，有助于检察机关更全面地了解案情，从而作出更为公正、合理的处理决定。特约检察员、专家咨询委员、人民调解员、居委会和村委会委员占比较少，仅在 1% 左右。

2. 领导带头效果。各辖区院坚持领导带头办案积极发挥“头雁”示范效应，检察长主持检察听证案件数呈上升趋势，但区域分布存在较大差异（见图 2）。

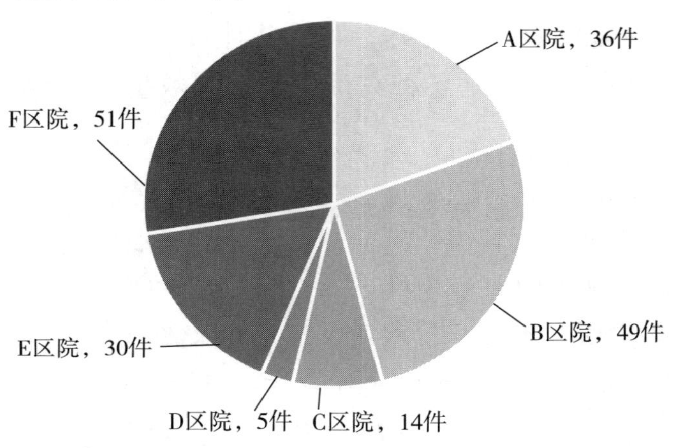

图 2　检察长（一把手）主持的案件情况

（三）听证结果的统计分析

新时代“枫桥经验”强调基层治理中的群众参与和民主决策，2021 年至 2024 年 9 月 Y 检察分院辖区院共开展检察听证 1649 件次，采纳多数听证员意见率为 95.6%，有 1571 件次多数听证员同意检察机关初步处理意见的案件，占样本总数的 95.3%（见图 3），这是对检察机关办案质效的肯定，也是司法公信力的一种彰显。同时，新时代“枫桥经验”注重矛盾纠纷的源头治理和多元化解，检察听证作为一种有效的矛盾化解机制，通过听取各方意见，特别是多数听证员的独立、客观意见，有助于找到案件处理的最佳方案，实现矛盾纠纷的有效化解。辖区院所开展的检察听证案件的多数听证员同意检察机关的初步处理意见，说明该处理意见得到了广泛的认可和支持，有助于减少社会矛盾和冲突，维护社会和谐稳定。

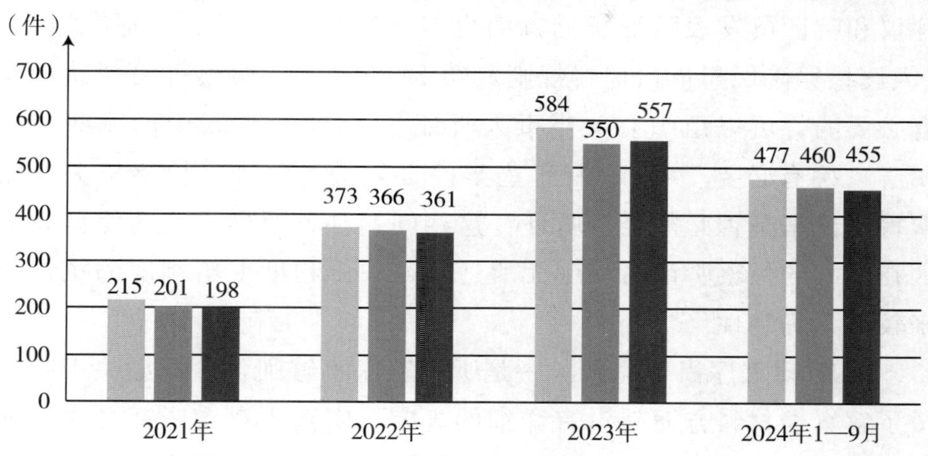

图 3　听证结果情况

二、 检察听证在实践中存在的问题

虽然检察听证制度实践成效显著，尤其在防范和化解涉案矛盾纠纷、推进检察环节综合治理方面发挥了积极作用，但是检察听证制度研究还存在不少问题。

（一）制度层面

1. 听证制度供给不足，听证制度与其他制度的衔接存在不畅。2024 年 6 月，最高检创新性地提出了“三个结构比”的概念，力图更加有针对性地推动“四大检察”的全面协调充分发展，民事检察、行政检察、公益诉讼检察工作存在各自的特殊性，而《听证工作规定》中对此鲜少有细致规定，例如，在行政非诉执行监督案件听证中是否商请法院工作人员列席听证？又如，能否对被诉行政行为和关联行为合并听证？《人民检察院行政诉讼监督规则》对闭门评议和听证员发表听证意见方面也与《听证工作规定》存在出入。《人民检察院民事诉讼监督规则》第54条规定，检察机关“认为确有必要的，可以组织有关当事人听证”。那么，实践中的哪些情况属于“确有必要”？有没有哪些案件必须进行听证？检察机关调查取得的证据是否必须经过听证？这些问题都不明确，这就使得办案人在实际的检察听证活动中无所适从，一定程度上给制度的执行带来较大不确定性。

2. 听证程序尚待完善。一是听证程序不够细化。比如关于听证员了解案卷材料方面就没有详细的规定，实践中存在听证员在听证会召开之后或会议当天才获取到案卷材料的情况，听证员翻阅听证材料的时间通常很紧，对案件情况缺乏完整全面的了解，难以对案件发表客观公正的评议意见。二是会前公告程序流于形式。《听证工作规定》第10条规定了听证会前应当发布听证公告，但没有明确公告发布的对象、范围、时间、方式，造成实践中听证公告的发布并不规范统一，部分单位仅在控申大厅、案管大厅张贴听证信息，存在检察机关内部“纸上公告”的现象，社会群众难以知晓召开听证会的相关信息。

（二）实践层面

1. 听证开展形式较为单一。积极开展上门听证和院领导主持听证两种措施在促进司法公开、提升司法公信力、落实普法责任，达到良好的法治宣传效果，促进矛盾化解等方面发挥了重要作用。实践中，各单位开展上门听证和院领导主持听证的案件数量都较少，组织听证的案件选取往往倾向于案情简单、当事人矛盾纠纷已化解或无实质争议的案件，审查逮捕、羁押必要性审查、刑事申诉等相对复杂的案件占比较小，部分检察官对《听证工作规定》不熟悉，不敢、不愿、不会组织听证，缺乏将听证作为提升检察办案质效手段的自觉，存在"为了听证而听证"的倾向，距离"应听证尽听证"还有一定差距，既影响听证工作严肃性，也极大浪费司法资源。

2. 听证工作的公众参与度较低。《听证工作规定》第9条规定了启动听证程序的主体分别是检察机关和当事人。但在具体实践中，依当事人申请召开的听证会占比极低，2021年至2024年9月Y检察分院辖区院共开展检察听证1649件次，其中当事人申请提起听证的案件48件，占比仅为2.9%。检察听证的开启往往由检察机关自主决定，事前并未主动听取当事人的意见，即使是检察机关不同意当事人申请的，也未告知当事人下一步应该如何救济。并且实务中听证员往往由检察机关自行抽选，影响了当事人充分行使参与权和监督权。①

（三）配套措施方面

1. 听证员的抽选机制需要完善。听证制度让民众有序参与检察工作，可突破传统检察工作的封闭性，让检察工作接"地气"，增加人情味，这就要求听证员的选取要有广泛性和代表性。按照《听证工作规定》，听证人员由检察机关以邀请的方式确定，但没有规定当事人对听证员的异议权，过于单一的听证员选取方式导致听证程序容易受到检察机关的主观影响。目前，各辖区院已建成了听证员库，但在具体实践中，还缺少规范化的可具体操作的实施细则。以Y检察分院辖区院为例，在参与听证的3993人次中，邀请人民监督员、律师担任听证员占比过半，邀请特约检察员，专家咨询委

① 安徽省亳州市利辛县人民检察院课题组：《检察听证实质化研究》，载《第五届全国检察官阅读征文活动获奖文选——优秀奖》。

员，人民调解员，村、居委会等社会人员的数量仅为1%，反映出Y检察分院辖区院听证员储备不足的问题。此外，听证员的抽选方式也相对单一且不尽科学，往往由听证员管理部门电话随机询问，如同“抓阄”一般，还不能完全做到结合案件情况，未能通过考量备选人员的专业背景、知识领域、思维方式等来抽选。同时，本院听证员通常反复多次参加同一个院的检察听证，受工作环境、人际关系等影响，提出的意见可能存在不客观、不中立、走过场等情况。部分辖区院听证员还存在长期不履职的情况，听证员的履职行为具有较强的自主性和随意性。

2. 听证室数量较少、设备较差。听证程序的优势在于其简便灵活，可以实现“一案一听”“一听一结”，要贯彻落实最高检“应听证尽听证”的工作要求，检察听证室必不可少。2020年4月最高检印发了《人民检察院检察听证室设置规范》的通知，但在实践中，听证室的配置不尽合理，大多数检察机关只有一个听证室，且存在技术设备落后的问题，难以满足音视频采集质量和示证展示、存储等使用要求。在检察听证的同步录音录像方面，存在选择性录制或漏录的情况，导致录音录像无法全面反映听证过程。部分检察人员也未能充分认识到同步录音录像在检察听证中的重要性，在实际操作中缺乏必要的严谨性和规范性，如未按规定时间开始或结束录制、未保持设备清洁和稳定等，严重影响了同步录音录像的质量。此外，大部分检察机关尚未配备针对未成年人的专门听证室、简易听证室、线上听证室、多功能听证室等，软硬件设施还有待完善。

三、新时代“枫桥经验”视野下检察听证工作的完善举措和对策展望

检察听证制度的全面铺开，是最高检深入践行习近平法治思想的重大战略部署，也是将新时代“枫桥经验”融入检察实践的生动

体现。作为检察领域的一项新兴制度，其成长与成熟需深深扎根于中国的实际国情，汲取中华优秀传统文化的深厚滋养，并坚持目标导向，以促进检察听证工作效能的提升，推动检察事业高质量发展。在推进检察听证工作的过程中，需将"顶层规划"与"基层实践"紧密结合，形成强大的协同效应，共同铸就高效能的检察合力。最高检通过制定《听证工作规定》等总体性制度框架，并发布一系列典型案例，增强检察听证在实际操作中的可行性。然而，这一制度的完善之路仍需我们不断探索与创新，持续精进。

（一）强化检察听证的工作制度保障

1. 完善听证制度机制，保障检察听证法治化。《听证工作规定》为检察工作明确了方向，但其规定较为笼统，仍可以进一步精细化。为了提高检察听证的立法层次，使得检察听证更加具有权威性，建议在刑事诉讼法、民事诉讼法、行政诉讼法等相关法律中对检察听证作出规定，理顺不同规定之间的逻辑关系，明确检察听证的法律效力，为检察人员开展听证活动提供明确指引。例如，制定和完善检察听证审查案件工作实施细则、各业务条线检察听证工作指引等规范性文件，对听证案件的选取标准、听证员的确定、旁听人员的范围限定、听证会的组织实施、听证结果的运用等作出明确规定，为全面深入开展检察听证工作提供坚实制度保障①。

2. 细化听证程序规定，奠定检察听证程序正当性基础。完备的听证程序需要以完善的制度建设作为保障，当务之急是遵循检察工作规律，建立和完善与检察听证制度配套的工作规则。听证活动应当保障听证员的提前阅卷权或案件知情权，为其集中而有针对性地

① 韦九报、刘元见、杨洋：《过去·现在·未来共斟酌——社会治理视域下检察听证结症与破解机制研究》，载《第五届全国检察官阅读征文活动获奖文选——优秀奖》。

听取听证参与各方的举证、质证和辩论创造条件。[①] 具体而言，应细化听证员的邀请流程，包括提前阅卷、了解听证程序及案情争议点等，为听证员提供充足的准备时间，使其能够充分了解听证的目的、内容及方式，避免“临时安排”或“仓促参与”的情况发生。同时，应严肃听证纪律，防止主持人提前“泄露”相关倾向性意见给听证员，并建立对听证员“利害关系”的审查机制，确保其独立性和中立性。严格落实“关门评议”规则，即听证员在其他人员不在场的情况下独立评议。此外，应充分尊重听证员的意见，并建立健全听证结果反馈机制，对于需要在听证会后作出决定的案件，应及时向听证员反馈处理结果。

（二）深化检察听证的实证成效

1. 丰富和创新听证形式。在确保听证实效的同时，兼顾资源节约与效率提升，应积极探索多元化的听证方式，如一案一听证与批量集中听证相结合、个案听证与类案听证并行、远程听证与现场听证互补，以此不断丰富听证的形式。[②] 在听证地点的选择上，需更加注重便捷性，不局限在一间检察听证室，而是将听证地点拓展至当事人的单位、乡村或社区，使之更加贴近民众，既方便群众参与，又扩大检察听证的影响力。此外，领导干部的引领作用不可或缺。应在“领导抓、抓领导”上持续用力。领导干部应切实扛起领导责任，主动开展公开听证，引领检察听证工作的健康发展。同时，深化“检察长 + 听证”的工作模式，对于听证工作中的堵点难点，院领导要带头攻坚、带头破局，明确院领导应优先处理群众反

① 张昌辉：《群众参与视角下中国司法听证制度的规范化》，载《北京理工大学学报（社会科学版）》2017 年第 3 期。

② 王通、刘青松：《检察听证问题实证研究——以 S 省 D 市检察机关 2020 年—2022 年办案实践为研究对象》，载《第五届全国检察官阅读征文活动获奖文选——三等奖》。

映强烈、矛盾突出，以及疑难复杂、具有引领性的案件，从而最大化展现检察听证的功能与价值，激励检察官更加积极主动、自觉自愿地投身于检察听证工作之中。

2. 要依法保障当事人参与权的有效行使。对于社会公众而言，检察听证尚属“新兴领域”。一方面，在检察听证逐步成为常态的情境下，需强化政策宣传攻势，引导公众形成对检察听证的正确认识与态度。实践中，杭州检察机关通过微信公众号按期对将要开展的听证活动进行“听证预告”的方式扩大了听证活动的知晓范围，有效提升了司法公信力，值得学习和借鉴。同时，要持续优化检察听证的启动流程，探索实施听证事项主动通知制度，要求检察官在受理案件后，及时告知当事人享有申请检察听证的权利，并阐述听证的目的、功能和法律效力，以期提高当事人主动申请的比例。另一方面，畅通听证救济渠道。依据《听证工作规定》第 9 条，对于当事人等提出的召开听证会申请，检察机关有权基于不同意见而拒绝。这意味着听证决定权掌握在检察机关手中，而当前自行决定、自行审查的模式缺乏有效制约。为增强当事人申请听证的约束力，并强化检察听证的权利救济功能，建议取消不必要的审批环节。对于符合法定条件的当事人等依法提出的召开听证会申请，检察机关应当予以受理并组织召开听证会。若被听证人员或侦查人员对听证结论持有异议，可向上一级同级检察院提出申诉。作为中立监督机构，检察机关有责任为当事人提供并保障有效的权利救济途径。①

（三）细化检察听证的供给配套保障

1. 强化听证员保障制度。一是扩大听证员来源范围。更多地从

① 刘芸志：《检察听证制度的价值厘定与规范改造——以 S 市 J 区检察院听证实践为样本》，载《〈法治文化〉集刊 2024 年第 2 卷——中国式现代化的法治表达研究文集》。

社会治理大格局出发，加强与高校师生、心理咨询协会等行业协会、行政机关的协作配合，保证听证员来源的广泛性和专业性，为听证会提供学术、调解、专业技术等方面的支持。加强动态管理，建立完善听证员的培训、使用等长效配套机制，不断提升听证员的履职能力。建立退出机制，对于长期不履职及履职不当的听证员予以清退。二是加强听证员管理信息化建设。用好最高检检察听证系统，深度了解听证员信息，尤其是专业领域、擅长领域、专业资格等信息，做好听证员的资源储备。为增强听证员抽选的随机性与公正性，可以依据案件的具体需求，对听证员的专业背景与职业履历进行细致分类，详细梳理并区分案件的事实与性质，明确案件所属行业，并针对不同类型的案件，精选相应类型的听证员参与。建议系统设置“条件筛选”功能，通过“匿名抽取”的方式，排除人为干预，从而确保听证员抽选机制的公正合理与科学严谨。

2. 规范听证室建设。场所设施对于有效防控办案风险起着至关重要的作用。应当探索建立灵活性、多样性、智能化的听证平台，利用网络媒体进行线上“云听证”，既可以提高诉讼效益、便民利民，又可以节约司法成本；① 在听证室的建设与配置上，应加速听证设备的更新迭代，力求配备全面的功能，如听证流程管理、远程视频接入、互联网直播以及同步录音录像等，以更全面地满足听证工作的实际需求。此外，还需要清晰界定检察机关司法警察在听证过程中的角色与职责。对于复杂疑难案件以及矛盾突出的信访案件，应安排司法警察全程介入，确保听证活动的正常秩序，维护听证的庄重性以及检察机关的权威形象。

① 王渊等：《检察听证四人谈》，载《人民检察》2021 年第 19 期。

专题研讨

ZHUANTI YANTAO

小微企业欠薪引发刑事案件的成因分析及对策建议

——以H县小微服装企业欠薪引发刑事案件为样本

朱　峰　马　屹　劳霈靖*

目　次

* 朱峰，浙江省人民检察院检察事务中心中级统计师；马屹，浙江省海宁市人民检察院许村检察室主任；劳霈靖，浙江省海宁市人民检察院许村检察室检察官助理。

（二）多元主体协同，畅通权利救济渠道

（三）锚定案件源头，前端防范欠薪风险

服装业是Z省的传统优势产业，据Z省统计年鉴显示，2023年底，Z省从事纺织、服装、毛皮等服装制造业企业法人单位达8万多个，法人单位从业人员近200万人，营业收入破万亿大关，是国内服装产业的重要基地之一。服装产业蓬勃发展的同时，因欠薪、劳资纠纷等引发的涉小微服装企业刑事案件需引起重视。本文以2021年至2024年Z省H县检察院办理的小微服装加工企业欠薪引发的刑事案件为样本，分析犯罪案件的成因，提出治理的对策建议，以期强化劳动者权益保护，防范化解基层治理风险，推动小微服装加工企业规范运营、良性发展。

一、小微服装企业欠薪引发刑事案件基本情况

（一）拒不支付劳动报酬案件态势呈上升趋势

2021年1月至2024年12月，H县人民检察院共办理辖区内小微服装企业关联的拒不支付劳动报酬案件30件34人，且整体呈逐年上升趋势，其中涉及服装加工行业案件25件28人。被欠薪劳动者738人，其中服装加工行业524人，占被欠薪劳动者总数的71%。欠薪总额816万余元，其中服装加工行业507万余元，占欠薪总额的62%。2021年1月至2024年12月，涉服装加工企业拒不支付劳动报酬案件数量、被欠薪人数及欠薪金额虽有起伏，但整体呈上升趋势（见下表）。

H 县拒不支付劳动报酬案件中小微服装企业欠薪情况统计表

	2021 年上半年	2021 年下半年	2022 年上半年	2022 年下半年	2023 年上半年	2023 年下半年	2024 年上半年	2024 年下半年
被欠薪人数（人）	22	54	78	85	83	68	65	69
欠薪数额（万元）	25.0	60.1	81.8	96.0	81.9	50.5	51.3	61.0

（二）涉诉企业从宽处理意愿突出

根据司法解释的规定，拒不支付劳动报酬，在刑事立案、提起公诉、宣判前支付劳动者报酬并承担相应赔偿责任的，可以相应从轻、减轻甚至免除处罚。在办理的 25 件涉服装加工行业拒不支付劳动报酬案件中，16 件案件的被追诉人在审判前支付了拖欠的全部劳动报酬，占比 64%；6 件案件的被追诉人在审判前支付了拖欠的部分劳动报酬，占比 24%；3 件案件的被追诉人在审判前与劳动者达成支付协议以获得谅解，占比 12%。从强制措施的实施情况来看，在办理的 25 件涉服装企业拒不支付劳动报酬案件的 28 名被追诉人中，26 名被追诉人被取保候审，占比 92.86%；仅 2 名被追诉人被逮捕，占比 7.14%。从案件处理结果来看，8 名被追诉人被不起诉，占比 28.57%；17 名被追诉人被判处缓刑，占比 60.71%；3 名被追诉人被判处实刑，占比 10.72%。

（三）欠薪纠纷易衍生恶性刑事案件

与服装企业欠薪事件频发相对应，近年因薪酬结算衍生的恶性刑事案件亦呈上升趋势。2021 年以来，H 县人民检察院共办理劳资纠纷衍生的刑事案件 8 件，涉案 11 人。其中，涉服装加工行业的案件 5 件，涉案 8 人，造成 3 人轻伤及布料、车辆及厂房烧毁的后果。此类案件有以下特点：一是因欠薪引发的恶性泄愤暴力犯罪易危害公共安全。在办理的 5 件衍生案件所涉 8 人中，2 件案件涉 2 人被判处放火罪，3 件案件涉 6 人被判处故意伤害罪。如 2022 年白某某放火案，白某某因劳资纠纷对服装厂经营者心存不满，为报复、泄愤，用打火机点燃布料扔入服装厂车间，后又引燃其停放车辆，对企业造成危害的同时严重危害公共安全。二是低学历外来务工人员易走极端。在 8 名涉案人员中，多数为来 H 县的务工人员，年龄最大者 42 岁，最小者 27 岁，多数涉案人员为“80 后”“90 后”的青壮年。涉案人员文化程度均为初中以下，其中 4 人仅有小学文化。三是纠集多人维权易引发群体性事件。服装加工系劳动密集型产业，当同一服装加工企业出现流动资金困难，易出现较大范围的劳资纠纷。在处理欠薪纠纷时，部分务工人员认为自身力量薄弱而寻求同乡、工友等帮助。2021 年至 2024 年发生的因服装企业欠薪而衍生的恶性刑事案件中，共同犯罪数量占案件总数的 40%。欠薪纠纷引发的群体性事件，严重破坏社会秩序，影响社会稳定。

（四）潜在风险突出，隐患严重

相较于已办理的涉小微服装企业欠薪刑事案件，大量欠薪纠纷如“水面下的冰山”，成为进一步演化为刑事案件的潜在风险与隐患。以该 H 县 X 镇为例，近年该镇劳动部门及公安部门受理大量涉小微服装企业欠薪投诉、纠纷与群体性治安事件。根据该镇劳动行政部门的数据显示，2021 年至 2024 年 7 月，该镇劳动行政部门受理欠薪投诉案件 4200 余件，涉劳动者投诉 11000 余人次，处理的欠薪群体性事件数量达 230 余次。根据 H 县公安机关的数据显示，2021 年至 2024 年 7 月，该公安机关累计受理该镇涉服装企业欠薪纠纷警情2742件，其中部分劳动者情绪激动，存在扬言报复、自伤自残、肢体冲突等情况。此类治安案件存在进一步转化为刑事案件的隐患和风险。

二、小微服装企业欠薪引发社会不稳定因素的成因

（一）服装企业用工模式混乱，劳动监管缺位

小微服装加工企业生产规模小、产品附加值低，劳动者流动频繁，加之多为个体经营或家庭作坊而未经注册登记，缺乏规范的组织架构与管理制度，因而在用工方面较为混乱。一是普遍未签订劳动合同。因服装行业淡季和旺季的用工需求差异大，订单不稳定，服装企业大量聘用临时工。为规避监管及后续遗留的法律问题，小微服装加工企业多以口头约定计件或计时报酬而不愿签订书面协议，为矛盾纠纷埋下隐患。二是用工管理不规范，侵犯员工权益的现象时有发生。涉案小微服装加工企业多数缺乏规范的用工管理制度，企业用工管理事务由雇主一人决定，随意性较强。用工过程中，部分雇主以加工残次品率高、迟到早退等原因随意克扣、截留员工工资甚至直接辞退，容易引发劳动者不满导致矛盾激化。三是劳动监管难度大，监管主体缺乏联动及预警机制。一方面，劳动监管部门、属地政府存在监管力量不足、管控面覆盖不足的情形。多数小微服装加工企业存在向个人租用私有产权的房屋作为经营加工场所，且部分小微服装加工企业未依规注册登记，处于无证经营的状态，大量劳动者未与用工单位签订书面劳动协议，导致主管部门难以及时了解各小微服装企业的经营状况及欠薪情况、劳资纠纷等隐患，无法提前分析预判因小微服装企业经营状况或资金情况引发不稳定因素的问题。另一方面，劳动监管、行政执法、市场监管、属地政府、公安机关等多部门之间缺乏稳固的信息沟通平台和联合

机制，往往各自为战，难以形成有效合力消除隐患。

（二）劳资纠纷处理渠道不畅，维权成本高昂

小微服装加工企业欠薪事件频发，导致劳资纠纷数量增多。仅2024年上半年，H县X镇劳动行政部门已受理小微服装企业欠薪投诉举报1320起。然而，当前劳资纠纷处理渠道不畅，维权成本高昂，处于弱势地位的劳动者的利益诉求如果难以通过合法渠道疏解，很可能采取非正当手段甚至走向违法犯罪。一是劳资纠纷处理渠道不畅。在“一调一裁二审”的劳动争议化解机制下，参与的部门主要包括基层调解组织、劳动争议仲裁委员会和法院。三者分属不同体系，适用不同规则，资源共享不畅，运行过程中存在相互推诿与重复劳动的现象。二是劳动者维权成本高昂。无论是劳动仲裁还是法院裁判，都有着较为复杂的处理程序，且期限较长，时间、费用与精力成本高。对于异地务工者而言，为了几千元甚至几百元的工资，不可能也不愿意通过“马拉松”式的维权方式解决自身的劳资纠纷。三是劳动争议化解的预防机制欠缺。劳动争议的解决过度依赖仲裁与诉讼，但囿于繁杂的程序与高额的维权成本，劳动者客观上很难通过上述两种途径解决欠薪纠纷。相较而言，更为灵活友好的调解则长期受到忽视，矛盾预防与前端化解力量薄弱，导致纠纷容易外溢与激化。

（三）劳资双方文化程度较低，法律意识淡薄

H县的小微服装加工企业的经营者、从业者文化程度普遍不高、法律意识淡薄，同样成为犯罪的诱因。一是企业经营者法律意识淡薄。大部分小微服装企业经营者对于现代企业组织架构、劳动者权益保护等相关领域的法律知识匮乏。比如，欠薪案件中，大部分企业经营者均有随意拖欠、克扣工资、随意辞退员工的情况，致

使劳资矛盾激化。又如，在部分拒不支付劳动报酬案件中，服装企业经营者未认识到恶意欠薪、逃避支付劳动报酬可能构成刑事犯罪，认为逃避债务最多承担民事责任，后续全部支付就不会承担相应的法律责任。二是劳动者文化程度偏低，法律知识匮乏。大部分小微服装企业务工人员从事低端劳动密集型工作，且多为临时工，缺乏长期就业准备；收入来源单一，抗风险能力弱，出现企业欠薪情况往往会导致生活陷入困难，难以冷静处理；法律知识欠缺，在权益受侵犯时，不能良好运用法律手段保障自身合法权益，而多采取过激行为，导致治安违法甚至刑事犯罪。三是法治宣传教育欠缺。随着服装产业迁移发展，H县小微服装加工企业经营者与务工人员集聚，但相应的法治宣传教育却未能及时跟进。具体而言，涉及企业合法经营、劳动者权益保护的普法宣传流于形式，内容形式单一，难以覆盖基层小微服装加工企业；宣传普法手段落后，难以满足信息化、数字化时代要求。

三、优化小微服装企业欠薪治理的对策建议

社会稳定是人民幸福与国家强盛的前提。小微企业欠薪问题不仅关系到劳动者的切身利益，也关系到经济社会的平稳运行与长治久安。检察机关应坚持依法保障民生，做实检察为民，畅通权利救济渠道，推进源头治理，将欠薪争议导入法治轨道，将矛盾破解在萌芽之时，化解在基层一线。

（一）依法协同履职，“四大检察”并驱推进

一是刑事检察依法惩处，坚持宽严相济原则。一方面，从严惩处恶意欠薪犯罪，发挥刑罚的惩治和震慑作用。对企业恶意注销、以转移财产、逃匿等方法逃避支付劳动报酬等恶意欠薪行为加大刑罚打击力度。另一方面，坚持宽严相济原则，对行为违法性进行实

质判断，避免机械办案。把握小微企业资金周转困难欠薪与恶意欠薪之间的界限，通过非羁押性强制措施、认罪认罚从宽制度等，对认罪悔罪、补救支付劳动报酬的被追诉人予以从宽处理，“放水养鱼”助力企业纾困发展。对于欠薪引发的刑事案件，准确把握入罪门槛，综合考量行为实质违法性与可罚性，彰显良法善治目标。二是民事检察支持起诉，落实弱势群体保护。探索发挥民事支持起诉制度在劳动者“讨薪难”问题上的积极作用，加强与人社、劳动仲裁部门、人民调解委员会、法律援助机构等协作，进一步拓展案件线索来源。简化案件受理程序，规范不予支持理由说明与支持后送达告知程序。综合运用法律咨询、协调法律援助、协助调查取证、提出支持起诉意见等方式，保障弱势群体合法权益。三是行政检察督促履职，促进行政争议实质化解。发挥行政检察“一手托两家”的双向监督职能，重点关注行政非诉执行案件，对法院受理、裁定、执行环节进行全流程监督，促使法院依法履行强制执行之责。强化行政违法行为“穿透式”监督力度，将监督纠错与行政争议实质性化解相结合，促使行政机关依法履行监管职责。四是公益诉讼检察延伸触角，类案监督填补漏洞。针对小微服装加工行业存在的注册登记不规范、用工模式混乱、侵犯劳动者合法权益等普遍性、倾向性问题及时延伸监督触角，依法向相关主管部门制发社会治理检察建议，对应提出解决对策，促进劳动者权益保障机制完善、漏洞填补，实现个案监督向类案监督转变。

（二）多元主体协同，畅通权利救济渠道

一是建立会商机制，推动信息共享。一方面，公检法司机关会同人力资源社会保障行政部门、劳动人事争议仲裁机构、工会等相关职能部门共同会签文件，定期召开联席会议，强化劳动保障执法与司法衔接工作机制，明确责任划分，通过专项调研、分析疑难案件、研判隐患、约谈企业等方式，有效化解矛盾，解决突出问题。另一方面，打破信息壁垒，完善信息共享机制。进一步加强行政、执法、司法信息沟通匹配，构建一体化预警平台，优化案件线索移送与配合衔接机制，避免“程序空转”。二是畅通举报渠道，多元化解纠纷。完善全国根治欠薪线索反映平台、12351职工维权热线、窗口投诉、信访举报等多元一体、线上线下相结合的权利救济与投诉举报平台，拓宽维权渠道，降低维权成本。进一步探索劳动纠纷快速处理机制，简化民事支持起诉申请流程，缩短案件处理时间。对因经营管理、市场变化、政策调整等原因导致小微企业支付困难的，在保障劳动者基本生活与帮助企业纾困的基础上，积极引导有和解意愿的员工与企业达成和解协议，订立分期偿薪计划，落实跟踪确保报酬按期支付。三是健全处突机制，强化风险防控。发挥网格片区管理优势，摸清辖区小微企业数量及用工底数，推动企业主实名制管理。联合镇街、人社、银行搭建数字化工资支付监控预警平台，部门联动完善对高风险企业提醒、约谈、处罚等各类措施。联合网信、公安、信访等单位组建舆情监测处置工作专班，建立信息共享和联动处置机制，对于突发舆情与应急事件及时作出处置。

（三）锚定案件源头，前端防范欠薪风险

防范小微企业欠薪引发的恶性事件，应将治理关口前移，做好源头预防。一是创新监管救济机制。探索建立小微企业欠薪保障金制度，出台小微企业欠薪保障金收缴及使用规范细则，明确欠薪保障金收缴数额标准、收缴方式、申请垫付工资的具体条件与流程，确保欠薪事件发生时，劳动者可依规申请垫付，保障基本生活需要。二是强化普法宣传引导。强化检察机关诉讼监督、支持起诉职能宣传，及时报道涉恶意欠薪典型案例，定期开展入企普法、普法下基层活动，培养用人单位、劳动者自觉守法用法意识，引导用人单位自觉履行工资支付与劳动者权益保障义务，引导劳动者树立理性维权意识，通过法律手段及合理途径维护自身合法权益。三是实现数字赋能欠薪治理。强化数字赋能欠薪治理，探索建立小微企业劳动保障数智应用平台，打通行政执法、劳动仲裁、司法裁判之间的数据壁垒，实现用工监管、隐患排摸、欠薪预警、投诉举报、矛盾调处等功能的汇集。推动欠薪纠纷案件化管理，打造问题隐患上报、证据收集、处置跟踪、情况反馈全链条闭环管理，以“疏”代“堵”，避免涉欠薪矛盾激化与恶性事件发生。

交通肇事案件逮捕社会危险性实证考察

——以A省H市检察机关为样本

叶志明　徐　枫*

目　次

刑事诉讼法和《人民检察院刑事诉讼规则》（以下简称《规则》）等法律和规范性文件规定了以社会危险性为核心的逮捕条件，明确和完善了逮捕必要性审查标准，在规范审查逮捕和严格逮捕强制措施的适用上起到了重要作用。但是，司法实践中，在涉及人身

* 叶志明，安徽省淮北市人民检察院第七检察部副主任，一级检察官；徐枫，安徽省淮北市人民检察院第七检察部检察官助理。

损害赔偿的轻罪案件审查逮捕时，对社会危害性的理解和把握不够充分，赔偿、谅解往往被视为是否作出逮捕决定的决定性因素，存在不赔即捕、司法不公平等问题。通过对 A 省 H 市检察机关近两年办理的交通肇事审查逮捕案件进行专题调研，依托全国检察机关检察业务统计系统 2.0，收集包括侦查卷宗、审查报告、（不）逮捕决定书等在内的一手资料，本文拟围绕交通肇事逮捕必要性条件中社会危险性的适用进行实证考察，以揭示司法实践中暴露出的问题，并提出相应的改进路径，进而提升审查逮捕案件质量、实现司法公正。

一、 交通肇事案件逮捕社会危险性条件概述

刑事诉讼法在立法层面没有对社会危险性的内涵进行界定，仅是在第 81 条第 1 款中列举了五种可能存在社会危险性的情形，但这种列举过于笼统和粗略，难以应对实务中纷繁复杂的情况。《规则》第 129 条至第 133 条对这五种情形分别作了进一步的明确，试图以细化解释和列举更多的规则来弥补刑事诉讼法规定的不足。问题是，《规则》也是遵循同样的列举式立法模式，无法改变这种模式本身所带有的技术缺陷。① 为缓解或稀释列举式立法的刚性和不周延，刑事诉讼法第 81 条第 2 款作出补充性规定，批准或者决定逮捕，应当将犯罪嫌疑人、被告人涉嫌犯罪的性质、情节、认罪认罚等情况，作为是否可能发生社会危险性的考虑因素。这意味着，社会危险性的考察还应当回归个案，综合权衡和认定个案中犯罪性质、情节、犯罪嫌疑人悔罪表现、认罪认罚等各种具体情形，谨慎

① 参见万毅：《解读逮捕制度三个关键词——“社会危险性”“逮捕必要性”与“羁押必要性”》，载《中国刑事法杂志》2021 年第 4 期。

评估社会危险性。[①] 如果说刑事诉讼法第 81 条第 1 款是针对符合该条规定的所有案件，是社会危险性评价的共性因素，那么刑事诉讼法第 81 条第 2 款则突出个案中具体、特殊的社会危险性因素，强调应当结合个案情况来评估社会危险性。因需要综合权衡和认定包括各种特殊因素，[②] 社会危险性评估变得更加生动、具体，也更为复杂和具有挑战性。为体现刑事诉讼法第 81 条第 2 款的立法意图，《规则》第 140 条列举了不批准逮捕或不予逮捕的七种罪行较轻且没有其他重大犯罪嫌疑的情形，包括过失犯罪嫌疑人悔罪表现、积极赔偿损失、达成和解、认罪认罚等。

刑事诉讼法第 81 条第 2 款和《规则》第 140 条共同为交通肇事罪逮捕社会危险性的判断提供了法律依据。将与被害人修复社会关系纳入逮捕社会危险性条件的判断不需要另行通过修改立法或司法解释的方式予以确认，[③] 而是已经包含在现行法律规定中。交通肇事罪系轻罪、过失犯罪，犯罪嫌疑人极少出现刑事诉讼法第 81 条第 1 款所列举的五种情形，而更倾向于事后自首、坦白、认罪认罚，向被害人赔偿损失和达成谅解，且一般会获得轻缓刑的处理结果。轻伤害案件中也会出现犯罪嫌疑人悔过态度明显、认罪认罚、愿意承担赔偿责任等情形，与交通肇事案件类似。但与轻伤害案件中犯罪嫌疑人因为经济条件有限而无法履行赔偿责任不同的是，[④] 交通肇事案件涉案车辆如购买了交强险或商业保险，案发后则能够部分

---

① 参见万毅：《解读逮捕制度三个关键词——“社会危险性”“逮捕必要性”与“羁押必要性”》，载《中国刑事法杂志》2021 年第 4 期。

② 参见全国人大常委会法制工作委员会编：《中华人民共和国刑事诉讼法释义：最新修正版》，法律出版社 2012 年版，第 191 页。

③ 参见刘琳：《非羁押强制措施的基层实施困境及对策建议——以 T 市 X 区检察院为分析样本的调研报告》，载《第五届全国检察官阅读征文活动获奖文选——优秀奖》。

④ 参见崔凯、茆仲义：《逮捕必要性条件运行实证考察——从社会危险性的视角》，载《湖北经济学院学报（人文社会科学版）》2015 年第 12 期。

或全部覆盖被害人损失，犯罪嫌疑人可以通过第三者责任险转移赔偿责任，不会出现欲赔而不得的情况。或者说，只要第三者责任险正常有效，交通肇事案件犯罪嫌疑人就具有一定的赔付能力，通过保险赔偿以修复与被害人社会关系的目的便得以实现。保险赔付是交通肇事案件逮捕社会危险性评估时应当予以严肃考虑的特殊因素。

二、交通肇事案件逮捕社会危险性条件的实证考察

在是否批准逮捕方面，2013 年 1 月至 2024 年 10 月共计 89 件交通肇事报捕案件中，检察机关作出逮捕决定 49 件 49 人，其中有社会危险性逮捕 48 件 48 人，不批准逮捕 40 件 40 人，其中无逮捕必要性 39 件 39 人。与统计报表上“逮捕情形有社会危险性”表述不同，“不捕情形无逮捕必要”仍然沿用“逮捕必要”这个概念，但实质上仍然是审查是否具有社会危险性。

在案涉车型方面，小轿车、客车、货车及非载货专项作业车（以下统称一般机动车）58 辆，电动车①（二轮、三轮、四轮，以下统称电动车）23 辆，其他特殊车型包括铲车、变型拖拉机、挖掘机等 8 辆，分别占总案涉车辆的 65%、26% 和 9%。一般机动车作为交通肇事的传统车型是本文重点考察对象，电动车因其普遍使用且已逐渐成为交通肇事的主要涉案车型，也应引起足够重视。

在保险单据作为侦查证据方面，有 35 件报捕案件侦查机关调取了相关的保险单据，其中，案涉一般机动车缴纳交强险的有 9 件，案涉一般机动车缴纳交强险和商业险（包括其他特殊险如机动车交通安全统筹服务单）的有 26 件，分别占全部报捕案件的 10% 和 29%。其中，存在无证驾驶、酒驾或逃逸等可能减轻或排除保险公

① 虽然有的电动车经检测认定为机动车，但为讨论方便，本文一概称之为电动车，以区别于日常概念中的汽车、货车等机动车。

司赔偿责任的有 11 件（见下表）。需要说明的是，此统计数据仅限于侦查卷宗中发现的保险单据，实际缴纳保险但侦查机关未调查的不包括在内。

一般机动车保险缴纳情况表

单位：件

是否逮捕	交强险	交强险和商业险（包括其他险）	免除或减轻保险责任的因素（无证驾驶、酒驾、逃逸等）
逮捕	6	12	6
不捕	3	14	5

在社会危险性分析方面，案件承办人普遍倾向于审查犯罪嫌疑人是否赔偿被害人损失并达成谅解，并以此为捕与不捕的关键依据。逮捕的 49 人中，46 人的社会危险性分析提道“双方未达成赔偿协议，未取得被害人家属的谅解”；未逮捕的 42 人中，38 人的社会危险性分析中提道“已调解或赔偿，取得被害人近亲属谅解，社会危险性较小”。虽然不捕案件中的无社会危险性分析涵括较多因素如无犯罪前科、自首、认罪认罚等，但关键因素仍然是是否赔偿损失并取得谅解。即使存在其他增强社会危险性的因素如酒驾或逃逸，只要赔偿损失并达成谅解，也可能被认为具有较小的社会危险性而不捕。如种某某交通肇事案件中，犯罪嫌疑人交通肇事后逃逸且案发时酒精含量检测达 88.4mg/100ml，其家人赔偿 73 万元并与被害人家属达成谅解，检察机关认为可能判处三年以下有期徒刑且再次危害社会的可能性较小而作出不捕决定。而在另一案件中，犯罪嫌疑人徐某某也有酒驾和逃逸情节，但因未与被害人近亲属达成民事赔偿、谅解协议而被认为有社会危险性被逮捕。

在不同车型的捕与不捕比例方面，肇事车辆为机动车（包括一般机动车和特殊机动车）的案件逮捕与不捕比例为1∶1（33人∶33人），肇事车辆为电动车的逮捕与不捕比例约为2∶1（16人∶7人）。后者的比例明显高于前者，这在一定程度上反映出肇事电动车车主的经济能力或赔偿能力要低于肇事机动车车主。换言之，电动车车主交通肇事被捕的概率要明显高于机动车车主。

三、 社会危险性条件在适用中存在的问题

（一）以捕促赔的效果审视

交通肇事审查逮捕案件中，需要考虑的社会危险性因素主要包括死伤情况、逃逸、酒（醉）驾、前科、认罪认罚、赔偿损失、谅解、自首、坦白等，但调查的89件案件中，赔偿和谅解成为评估犯罪嫌疑人社会危险性的关键因素。

有观点认为，未被采取羁押性强制措施的犯罪嫌疑人比采取羁押性强制措施的更有赔偿经济损失减轻犯罪后果的意愿。① 但也有调研显示，非羁押性强制措施因缺乏羁押约束力而使犯罪嫌疑人心生懈怠而逃避推脱履行赔偿责任，而被采取羁押性强制措施的犯罪嫌疑人则具有更强的赔偿意愿，也更积极主动赔偿被害人损失以变更羁押性强制措施。如T市X区检察院于2021年1月至2022年6月办理的29件交通肇事案件中，12人被取保候审但仅有1人在审查起诉阶段积极赔偿被害人经济损失，而被逮捕的17名犯罪嫌疑人中，有6人在捕后侦查阶段或审查起诉阶段履行了赔偿责任并取得了被害人家属谅解。② 本文调研的49件逮捕案件中，有37件案件

---

① 参见黄海龙、张庆彬：《审查逮捕工作与宽严相济刑事司法政策之适用》，载《人民检察》2007年第4期。

② 参见刘琳：《非羁押强制措施的基层实施困境及对策建议——以T市X区检察院为分析样本的调研报告》，载《第五届全国检察官阅读征文活动获奖文选——优秀奖》。

已经判决生效，其中在一审判决前赔偿损失并取得被害人家属谅解的有25件，占已生效判决的68%，以捕促赔在化解矛盾纠纷、降低社会危险性方面有一定的价值。

（二）两种类型的不公平

一般而言，赔偿损失和达成谅解能够快速有效舒缓被害人或其亲属的心理情绪，恢复被破坏的社会关系；但是，评估社会危险性时，经济因素被拔高到一定的程度会有损司法公正。以捕促赔将是否履行赔偿责任和达成谅解作为评估社会危险性的关键因素或捕与不捕的分界线，审查逮捕及社会危险性的评估可能简单异化为“赔钱则不捕，不赔钱就捕”。[①] 赔偿谅解是逮捕社会危险性的重要因素，但是不能因此忽略对其他因素的综合权衡认定，否则会使公众产生“花钱买刑”的错觉，[②] 也会严重歧视并损害经济贫困者的诉讼权利和基本人权保障，有损人民群众对法律公平正义的信仰和期盼。[③]

1. 直接的不公平。对于经济贫困者而言，无论捕与不捕，其均无法筹集到赔偿被害人损失的足够资金以实现谅解。以周某某案件为例，在菜市街内打扫卫生的72岁周某某，上车挪动阻碍其打扫卫生的属于他人的四轮电动车时，致车辆失控后碰撞被害人，造成被害人受伤后经医院抢救无效死亡，周某某对此负全部责任。犯罪嫌疑人周某某无证驾驶，无犯罪前科，自愿认罪认罚，但未就民事赔

---

① 参见杨玉晓：《交通肇事案件捕前和解实证研究——以H省Z市人民检察院为样本》，载《江西警察学院学报》2018年第3期。

② 参见北京市顺义区人民检察院课题组：《降低审前羁押率的路径探析——基于对2019—2021年S区故意伤害案件的考察》，载《北京政法职业学院学报》2022年第3期。

③ 参见杨玉晓：《交通肇事案件捕前和解实证研究——以H省Z市人民检察院为样本》，载《江西警察学院学报》2018年第3期。

偿达成调解，社会危险性相对较大而被逮捕。该案中，周某某年事已高，打扫卫生的工作和家庭经济条件不可能支撑其赔偿被害人经济损失。在犯罪嫌疑人明显缺乏赔偿能力的时候，以捕促赔只是办案机关的一厢情愿，或者是为消弭被害人或其家属的信访隐患而作出的无奈之举，这时逮捕转而成为替代赔偿的对被害人家属而言的一种安慰性措施，也即“以捕代赔”。仅因犯罪嫌疑人缺乏赔偿能力而被捕，这在很大程度上是以牺牲犯罪嫌疑人的诉讼权利和人权为代价，有时候也可以称之为经济上的一种歧视。

2. 比较的不公平。这种不公平体现为两点。第一点是机动车犯罪嫌疑人之间的对比。如前述种某某和徐某某交通肇事案件，两名犯罪嫌疑人在酒（醉）驾、逃逸、坦白、无犯罪前科、认罪认罚等方面均相同，仅因未能赔偿经济损失和达成谅解而产生捕与不捕的区别。第二点是机动车与电动车犯罪嫌疑人之间的对比。电动车交通肇事捕与不捕的比例是机动车的两倍，一定程度上反映出电动车车主的经济赔偿能力要弱于机动车车主，也反映出电动车车主因其较弱的经济能力而遭受不公平对待，即被捕的可能性更高。当（不）逮捕决定主要或直接取决于犯罪嫌疑人家庭背景和经济条件时，这种决定就容易产生不公平对待，即同案并不能同等对待。

四、 以保险金赔偿为视角的社会危险性审查

以捕促赔或以捕代赔是包括交通肇事案件在内的诸多涉及人身损害赔偿审查逮捕案件的惯用做法，这既可能导致社会危险性评价的随意性或武断，也可能引发人们对于司法公平公正的质疑。但是，现实的困境是办案人员在审查逮捕过程中很难不赋予赔偿谅解这一因素以更多的权重，在社会危险性分析时不可能完全放弃该因素或者大幅降低该因素的比重。实际上，只要解决交通肇事批捕案件中犯罪嫌疑人的赔偿能力问题，不捕的社会危险性将会实质性降

低，案件承办人在捕与不捕之间的压力会得到相当程度上的缓解，（不）逮捕决定也将更为公平合理。解决交通肇事犯罪嫌疑人经济赔偿能力以及消弭由此产生的不公平等问题的落脚点应定位在因缴纳保险而形成的被保险人保险金赔偿请求权上，① 以该请求权所能涵盖的保险金限额替代个人的经济赔偿责任，并以此为基础综合评估犯罪嫌疑人的社会危险性。

（一）一般机动车

交通肇事刑事案件不同于其他涉及人身损害赔偿的案件之处在于前者可以通过缴纳交强险和商业险的方式转移赔偿责任。在保险中，交强险的死亡伤残赔偿限额为 18 万元，一般只占死亡赔偿金的 1/5，商业保险的赔付是交通肇事方能否有效支付赔偿金的关键。正常缴纳交强险和商业险意味着交通事故发生后保险人替代交通肇事车主赔偿第三者经济损失，且第三者责任险保险金一般都达到 100 万元，基本上能够覆盖全部或者大部分死亡赔偿金。因此，即使肇事车主自身不具备经济条件赔偿被害人损失，但是被保险人保险金赔偿请求权下的保险金仍然可以视为犯罪嫌疑人自身的赔偿能力，从而作为减轻其社会危险性的一个重要考量因素。司法实践中，有的案件承办人已经将这种潜在的保险金限额作为犯罪嫌疑人民事赔偿能力的替代品而纳入社会危险性的考察之中。如李某某交通肇事案件，承办人认为“本案系过失犯罪，犯罪嫌疑人自首、无犯罪前科、认罪认罚，且车辆有商业保险。故承办人认为无逮捕必要”。商业险作为交强险的补偿险种，在无免除或减轻保险人保险

① 保险法第 65 条第 2 款规定了被保险人的保险金赔偿请求权，“责任保险的被保险人给第三者造成损害，被保险人对第三者应负的赔偿责任确定的，根据被保险人的请求，保险人应当直接向该第三者赔偿保险金。被保险人怠于请求的，第三者有权就其应获赔偿部分直接向保险人请求赔偿保险金”。

责任的情况下，商业险保险金限额可以视作犯罪嫌疑人具备民事赔偿能力及能够修复社会关系的证据。沿此逻辑，还需要作出如下努力。

1. 侦查机关需要调查被保险人保险金赔偿请求权存在及保险限额的证据。[①] 公安交管部门在侦查过程中，应当调查案涉机动车的保险缴纳情况，将交强险和第三者责任险单据和合同纳入交通肇事侦查证据体系，与犯罪嫌疑人年龄、教育水平、家庭条件、工作情况、收入水平等证据一起作为衡量其是否具备赔偿能力的重要证据。

2. 公安交管部门可以与本地区保险公司建立交通肇事理赔协助机制。交管部门在道路交通事故责任认定后，及时将责任认定书送达保险人，同时送达犯罪嫌疑人可能存在的醉酒驾驶、无证驾驶、逃逸等可能免除或减轻保险人赔偿责任的材料，由保险公司出具初步的第三者责任保险金额赔付报告，在决定报捕前移送公安交管部门，以证明犯罪嫌疑人的赔偿能力。

3. 公安交管部门与检察机关应形成关于交通肇事案件提请逮捕方面的新共识。目前，检警双方的共识是，取得当事人谅解、采取取保候审不致发生社会危险性的，公安交管部门不需要提请逮捕。这个共识尚不足以公正处理犯罪嫌疑人缺乏经济条件取得被害人或其家属谅解的案件。双方应形成新的办案理念，即有交强险和商业险单据和合同足以证明保险人能够赔付全部或大部分第三者伤残赔偿金的案件，在排除其他增加社会危险性因素的情况下，公安交管部门不需要提请逮捕，即使报捕，检察机关一般也不应予以逮捕。按照这种办案思路，调研的 28 件肇事车辆为一般机动车的批准逮捕

① 参见刘亚昌、王超：《准司法审查模式下的逮捕必要性及其证明——从人权保障理念和正当程序原则出发》，载《江汉学术》2014 年第 4 期。

案件中，至少可以对6名犯罪嫌疑人作出不批捕决定。

4. 公安交管部门、检察机关、法院和保险人可以探索建立交通肇事刑事案件快速理赔机制，特别是预赔付机制和提存机制。交通肇事案件中，涉及人身伤亡的保险理赔需要进行保险报案、责任认定、收集证据、赔偿协商等必要流程，如果保险人和事故双方无法达成协议，还需要通过民事诉讼由法院判决赔偿金额。这一过程耗时较长，而检察机关审查批捕时间只有7天，实务中多数涉案嫌疑人即使购买了保险，也因无法立即赔偿，导致未能和解，使承办人以“未达成和解，有信访隐患”认定具有社会危险性而作出批捕决定。交通肇事案件在交管部门报捕前，一般已经收集到了包括责任认定在内的足够证据材料，保险人可以依据保险合同约定尽早履行保险金赔付责任，缓解受害人亲属情绪和经济负担，实现社会关系的修复。即使与被害人一方难以在短时间内达成赔偿协议，保险人可以先行赔付无争议的、可确定的赔偿金额，公安机关、检察机关和法院可以根据保险金预赔付情况作出相应的有利于犯罪嫌疑人或被告的决定或裁判。

（二）电动车

电动车车主获得保险金赔偿请求权的情况较为复杂。一是电动车的分类及属性方面。电动车一般分为电动自行车、电动轻便摩托车、电动摩托车，电动自行车为非机动车，后两者为机动车。根据轮子数量的不同，又可分为二轮电动车、三轮电动车和四轮电动车，二轮电动车可能是非机动车也可能是机动车，三轮电动车、四轮电动车一般是机动车。但是电动车购买人和使用人普遍对其所驾驶车辆为机动车还是非机动车缺乏清晰的认识和了解。如犯罪嫌疑人赵某某在被讯问时称对其驾驶的二轮电动车属于电动摩托车并不知情，这直接限制了其对于车辆保险的认知。二是电动车投保方面。一般而言，地方性法规并不强制电动自行车上牌购买保险，电动车车主自愿购买保险的意愿和动力不足。对于属于机动车范畴的电动轻便摩托车、电动摩托车，根据道路交通安全法的规定，上路行驶需要购买保险，但普遍也仅限于交强险，很少自愿购买电动车商业险。三是公安交管部门很少将肇事电动车的保险单据作为侦查证据调查。面对动辄百万元的死亡伤残赔偿金，交强险范围内的第三者责任限额根本无法满足被害人或其家属的赔偿要求，仅有的交强险无法实质性促成当事人和解，保险单据也自然被侦查机关所忽略。其他复杂情形还包括无证驾驶、私自改装、随意借用、转让、违规载人、电动车保险市场不成熟等。

不少肇事电动车车主缺乏足够的经济赔偿能力以换取被害人家属的谅解，这也造成了这类犯罪嫌疑人被捕率高于一般机动车车主的现状。为解决交通肇事案件电动车犯罪嫌疑人的逮捕社会危险性问题及其经济赔偿能力，除了考察前科、酒驾、逃逸、认罪认罚等常见因素外，当前更重要的是为其提供足够的保险支撑，通过购买一定限额的第三者责任险来增强其经济赔偿能力，实现同案同等对待。鉴于电动车的上述诸多复杂情形，应当从以下几个方面着手推动电动车上牌及购买保险。

第一，电动车销售商在售卖时，应明确告知购买人所购车型及属性，并在车头显著位置张贴（非）机动车标识，方便车主和使用人甄别和投保。

第二，保险行业应根据当地经济发展状况积极开发、投放和宣传针对电动车市场的保险，为车主提供丰富多样的电动车保险险种，同时制定和完善电动车保险理赔规则和流程。

第三，加强政策宣传与教育，提高电动车车主对上牌和购买保险的认识。通过新媒体宣传、社区讲座、发放宣传资料等方式，向车主普及上牌和购买保险的重要性和必要性，以及具体的操作流程和注意事项。宣传教育内容应特别突出电动车的性质、违规行驶的危害及可能构成的犯罪类型、电动车相关犯罪案例、投保商业险的好处和作用等，逐渐培养电动车车主购买交强险和商业险的意愿和积极性。

第四，公安交管部门对于未上牌和未购买保险的电动车，应加强监管与执法力度，通过设立检查站、开展交强险缴纳专项整治行动等方式，对违规车辆进行查处，并依法进行处罚。

2020年至2024年H省S市检察办案“三个结构比”分析报告

湖南省邵阳市人民检察院案件管理办公室

目　次

应勇检察长强调，“三个结构比”来源于“四大检察”履职，又引领推动“四大检察”履职朝着更加全面、更加协调、更加充分的方向健康发展。为进一步加强“三个结构比”的研究和运用，更好让数据保障服务检察办案，践行“高质效办好每一个案件”的基本价值追求，现以H省S市2020年至2024年案件数据为基础，对S市检察机关“三个结构比”进行分析，从办案数据中呈现的特点、原因进行分析，提出针对性建议。

一、目前阶段的理解

“三个结构比”具体是指“四大检察”的履职结构比，依程序办案与依职权监督的案件结构比，依程序移送、依申请受案与主动发现的案源结构比。

目前，“三个结构比”的具体内涵、取值、计算等未完全明确，各地在开展专项分析时都存在不同的理解，其中对案源结构比的理解差距较大，对“四大检察”履职结构比的理解争议较小。市院案管办先后收集了关于“三个结构比”的领导讲话、新闻报道、理论文章，S市院、S省院、C市院等地的数据采集、计算公式。在对上述资料进行比对、学习、分析后，认为S省院最新制定的计算公式更为精准，再根据实际情况进行了一定的调整，以此为基础对S市近五年“三个结构比”开展专项分析工作。

二、“三个结构比”情况分析

（一）履职结构比

1. 基本情况。履职结构比即“四大检察”履职结构比，主要对“四大检察”办理案件基数进行比对，其中刑事检察主要分为刑事案件和刑事监督案件。刑事案件主要包括审查逮捕案件、审查起诉案件、二审案件（含二审上诉和二审抗诉）、司法工作人员相关职务犯罪侦查案件、批延案件等，但不包括请示案件、备案审查案件。刑事监督案件主要包括立案监督、侦查活动监督、审判活动监督等诉讼监督案件，减刑、假释、暂予监外执行审查案件、司法救助案件、执行活动违法纠正违法类案件、提前介入案件等；民事检察主要包括结果监督案件、执行监督案件、审判监督案件、跟进监督案件、支持起诉案件等，不包括请示案件、备案审查案件；行政检察主要包括结果监督案件、执行监督案件、审判监督案件、跟进监督案件、支持起诉案件等，不包括请示案件、备案审查案件；公益诉讼检察主要包括诉前审查案件和起诉案件，不包括请示案件、备案审查案件。2020 年至 2024 年①，刑事、民事、行政、公益诉讼案件的履职结构比为 84∶7∶4∶5。不同年份“四大检察”履职结构比情况见表 1。

表 1 “四大检察”履职结构比情况

时间	刑事	民事	行政	公益诉讼
2020 年至 2024 年	84.00	7.00	4.00	5.00
2020 年	92.00	2.66	1.14	4.20
2021 年	85.85	4.11	1.83	8.21
2022 年	76.38	13.07	2.98	7.57
2023 年	83.64	10.41	2.52	3.43
2024 年	80.42	5.99	11.15	2.44

从表 1 中可以看出，“四大检察”履职尚不均衡，近五年来，虽然刑事检察的占比整体呈现下降趋势，但刑事检察仍然是检察履职的主力军，以八成的占比持续保持高位；民事案件占比从 2020 年开始上升，到 2022 年达到顶峰后逐年下降，2024 年下降超过五成；公益诉讼案件占比从 2020 年开始上升，到 2021 达到顶峰后逐年下降，与 2021 年相比，2024 年仅有三成左右的办案量；行政案件占比呈现上升趋势，而且 2024 年占比上升幅度较大，相比 2023 年上升 3.4 倍。

2. 呈现的特点和原因分析。

一是行政案件占比大幅上升。随着行刑反向衔接工作的持续推

① 2024 年的数据均以 1 月至 11 月底的数据作为全年参考，因“三个结构比”的数据均是以比值的形式体现的，所以少计算 1 个月的数据对比值的影响不大，依然具有参考价值。

进，2024 年办理的行刑反向衔接案件大幅上升，行政案件占比上升明显。2024 年，办理行刑反向衔接案件 1593 件，同比上升 6.25 倍，占行政案件办理总数的 87%，除去行刑反向衔接案件后，行政案件占所有案件的比为 1.6，相比往年还有所下降。

二是公益诉讼案件占比下降。公益诉讼案件占比在 2021 年后连续三年下降，2024 年的占比仅为 2021 年的三成，主要是公益诉讼案件办案规模下降幅度明显大于整体案件下降幅度，如 2024 年民事、行政公益诉讼立案数（诉前审查数）为 401 件，相比 2022 年下降 72.5%，而 2024 年整体案件数（含各类监督案件数）相比 2022 年仅下降 7.68%，公益诉讼案件降幅是整体案件降幅的近 10 倍。

三是民事案件占比下降。民事案件占比在 2022 年达顶峰后连续两年下降，主要是民事执行监督案件、民事审判活动监督案件、民事支持起诉案件下降幅度大，其中 2024 年民事执行监督案件数相比该类案件近五年最顶峰 2022 年下降 54%，2024 年民事审判活动监督案件数相比该类案件近五年最顶峰 2023 年下降 76.4%，2024 年民事支持起诉案件数相比该类案件近五年最顶峰 2023 年下降 63.6%，三类案件下降幅度均超过五成。这与 2022 年和 2023 年对该三类案件设置考评通报值，而 2024 年年初最高检反复强调弱化评价指标的考评功能，2024 年 10 月提出“一取消三不再”有关。

四是刑事监督案件数量下降幅度超过刑事办案数下降幅度。近五年办理各类刑事案件的情况分别是：2020 年 8851 件、2021 年 13068 件、2022 年 11096 件、2023 年 12734 件、2024 年 8850 件，2024 年同比下降 30.5%。近五年办理刑事监督案件的情况分别是：2020 年 3548 件、2021 年 3211 件、2022 年 3753 件、2023 年 7617 件、2024 年 4690 件，2024 年同比下降 38.43%，刑事监督案件的降幅比刑事案件降幅多 7.75 个百分点。从刑事监督案件来看，在刑事监督案件整体下降的背景下，其中有两类案件上升幅度较大，分别是：司法救助案件（2024 年办理 173 件，2020 年至 2023 年平均每年办理 93.5 件）和减刑、假释案件（2024 年办理 1104 件，2020 年至 2023 年平均每年办理 574.5 件）。下降幅度较大的监督案件类型主要有三类，分别是：监督立案（撤案）案件（2024 年办理 156 件，同比下降 58.6%）、侦查活动监督案件（2024 年办理 443 件，同比下降 60.1%）和纠正违法案件（2024 年办理 1703 件，同比下降 48.9%），下降幅度基本在五成左右。从刑事案件来看，在刑事案件整体下降的背景下，有一类案件上升幅度较大值得关注，系批延案件（包括提请批准延长和批准延长）。2024 年办理该类案件 379 件，前四年平均每年办理该类案件 93.5 件，上升近 3 倍。

（二）案件结构比

1. 基本情况。案件结构比即依程序办案与依职权监督案件的结构比。案件结构比只需分析依程序办案、依职权办案中的任意一项趋势就可以了解另外一项的趋势。依程序办案主要指公安机关、审判机关、监察委员会等单位移送的案件，检察机关处于被动收案办理。依职权监督办案则是检察机关主动履职，该类可能受到司法政策、考评、专项行动等诸多客观因素的影响，主要包括诉讼监督案件（案件来源为办案中发现），执行活动违法纠正违法类案件、公益诉讼案件（除他院受理后移送案件部分）、民事行政案件（案件来源为当事人申请或履职中发现）等，除上述情形之外，均为依程序办案案件。在此着重分析依职权履职案件的占比趋势及可能存在的原因。2020 年至 2024 年，依程序办案与依职权监督的案件结构比为 58.86：41.14。近五年具体情况见表 2。

表 2　依程序办案与依职权监督的案件结构比情况

时间	依程序办案	依职权监督
2020 年至 2024 年	58. 86	41. 14
2020 年	65. 11	34. 89
2021 年	69. 41	30. 59
2022 年	56. 97	43. 03
2023 年	52. 76	47. 24
2024 年	53. 77	46. 23

从表 2 中可以看出，案件结构比相对均衡，检察办案主动意识越来越强。近五年，依程序办案的占比均高于依职权监督案件的占比，两项比值从 2020 年至 2021 年的接近 6∶3 逐步稳定在 2022 年至 2024 年的接近 5∶4，依职权监督案件占比整体呈现上升趋势。

2. 呈现的特点和原因分析。

一是依职权监督案件中 2022 年和 2023 年的案件结构特征尤为明显。该两年依职权监督案件的占比明显高于其他年份（因工作机制原因，2024 年办理较多的行刑反向衔接案件，除去该部分案件外，2024 年依职权监督案件占比仅为 36. 5%），主要是对部分案件办案数量设置考评通报值，导致该部分案件数量明显高于其他年份。比如，公益诉讼案件 2021 年至 2023 年分别办理 1507 件、1411 件、810 件，明显高于 2024 年（407 件），2024 年办理的公益诉讼案件数量仅有顶峰时期的三成左右。又如，行政审判活动监督案件 2022 年和 2023 年分别办理 69 件、58 件，而 2020 年和 2024 年分别只办理 6 件、27 件。再如，纠正违法案件，2023 年针对执行活动违法提出纠正违法意见3330件，比其他4年总和（2732件）还多。

二是2024年依职权监督案件内部结构变化较大。2024年，积极构建检察监督与行政执法衔接制度。全年办理行刑反向衔接案件1593件，占依职权监督案件总数的21.1%，同比上升6.25倍。加强减刑、假释案件审查工作。2024年办理减刑、假释审查案件1104件，相比2021年和2022年（分别为342件和302件）上升幅度均超过2倍。做实司法救助工作，办理司法救助案件173件，2020年至2023年平均每年办理61件，上升近2倍。其他大部分类型案件数量相比上年有所下降。

三是专项行动对部分案件数量影响较大。受政法队伍教育整顿影响，部分案件类型数量影响较大，如2021年和2022年办理减刑、假释案件数量（342件、302件）明显相比其他三年少（2020年941件、2023年713件、2024年1104件）。2022年办理收监执行案件212件，其他四年共办理收监执行案件105件。

（三）案源结构比

1. 基本情况。案源结构比即依程序移送、依申请受案、主动发现的案源结构比。依申请受案主要包括民事、行政生效裁判监督案件、执行活动监督案件、审判活动监督案件、支持起诉案件（仅民事），支持起诉案件（仅民事）中由当事人申请的案件还有小部分刑事案件，如刑事申诉案件、抗诉案件（被害人请求抗诉）等。依程序移送主要包括审查逮捕案件、审查起诉案件、二审上诉等案件。主动发现案件主要包括诉讼监督案件（案件来源为办案中发现）、公益诉讼案件（直接受理线索案件）、民事行政案件（案件来源为履职中发现）等。2020年至2024年，案源结构比为71.7∶3.31∶24.99。近五年案源结构比情况见表3。

表 3　案源结构比情况

时间	依程序移送	依申请受案	主动发现
2020 年至 2024 年	71.70	3.31	24.99
2020 年	78.88	3.37	17.75
2021 年	76.88	3.05	20.06
2022 年	65.60	3.44	30.96
2023 年	60.16	3.41	36.43
2024 年	63.92	3.28	32.79

从表 3 可以看出，依程序移送的案件占绝对多数，整体有所下降；主动发现的案件从 2020 年逐年上升，到 2023 年达到峰值，2024 年有所下降，整体呈上升趋势；依申请受案的占比仅占极小部分，占比相对稳定。

2. 依申请受案的特点和原因分析。

一是案件类型相对集中。依申请案件占比较大的案件类型是司法救助案件、民事生效裁判监督案件、民事支持起诉案件、行政裁判结果监督案件，该 4 类案件占近五年依申请受案总数的 80% 以上，占比最高的 2023 年超过九成。

二是大部分案件数量相对平稳。依申请受案是由当事人申请或案外人控告，案件数量受专项行动等外部因素影响较小，各类案件数量相比主动发现的案件浮动小，如民事裁判结果监督近 5 年受案数均在 150 件左右浮动。

3. 主动发现案件的特点及原因分析。

一是 2024 年主动发现案件占比是近年来首次出现下降的情况。主动发现案件占比从 2020 年开始逐年上升，2024 年有小幅下降，上升幅度最大的是 2022 年。2022 年和 2023 年主动发现案件占比高于其他年份，主要是部分案件类型办案明显高于其他三年，如侦查活动监督案件，2022 年和 2023 年均在 1100 件左右，其他三年均在 400 件左右。民事审判活动监督案件、民事执行活动监督案件、提出检察建议等在 2022 年和 2023 年的平均办案数是其他三年近 4 倍之多。

二是监督层次在低位徘徊。以刑事检察为例，提出抗诉案件 163 件（法院共办结抗诉案件 121 件，采纳抗诉意见 76 件，其中改判 52 件，发回 24 件，近五年整体刑事抗诉采纳率为 62.81%），制发书面纠正违法通知书 6062 件，后者约是前者的 37 倍；侦查活动、审判活动违法监督案件数分别是 3834 件、940 件，前者是后者的 4.07 倍。

三是提前介入案件数逐年下降，介入的重点有所调整。检察机关主动提前介入引导侦查案件逐年下降，2020 年 665 件，2021 年 551 件，2022 年 154 件，2023 年 217 件，到 2024 年仅 76 件，这与提前介入是否纳入考评有关。2020 年主动提前介入引导侦查案件占一审公诉受理案件的比例为 12.58%，2024 年该比例仅为 1.29%，除占比明显下降外，提前介入案件罪名分布也有明显区别。2024 年主动提前介入案件罪名主要集中在性侵犯罪、强奸罪和猥亵儿童罪，共 42 件，占主动提前介入案件总数的 55.26%。2020 年主动提前介入前三位的罪名分别是：走私、贩卖、运输、制造毒品罪，盗窃罪，寻衅滋事罪，共 246 件，占主动提前介入案件总数的 37%。

4. 依程序移送案件的特点及原因分析。

一是案件类型集中。依程序移送案件主要集中在审查逮捕案件（含未检）、一审公诉案件（含未检）、减刑、假释审查案件，近五年三类案件均在 90% 左右浮动，占比相对稳定。

二是案件数量占比大，且主要案件类型也有差异。2020 年至 2024 年受理依程序移送案件占比均维持在 60% 以上，具体情况分别是：2020 年 9416 件、2021 年 13672 件、2022 年 11814 件、2023 年 14228 件、2024 年 10494 件。2020 年是受理各类案件最少的年份，2021 年是受理审查逮捕、审查起诉案件最多的年份，2022 年和 2023 年审查逮捕和审查起诉案件继续维持高位，每年均在 1 万件以上。2024 年办理的审查逮捕和审查起诉案件明显下降，相比顶峰时期下降超过 35%，但 2024 年办理的减刑、假释审查案件、批延案件（含提请和批准）均为近五年最多。

三是占比呈下降趋势。近五年依程序移送案件占比基本分为两个阶段，2020 年和 2021 年的占比保持相对稳定，2022 年至 2024 年同样也相对稳定在 63% 左右，两个阶段之间呈下降趋势，且下降幅度较大。主要是 2022 年和 2023 年主动发现案件占比明显高于其他年份，而这两年依程序移送案件数相比前两年并没有明显上升。虽然 2024 年依程序移送案件数相比上年同期明显减少（同比下降 26.7%），但是主动发现的案件下降幅度更大（同比下降 37.5%），所以依程序移送案件的占比相比上年同期还略有上升。

三、 工作建议

一是发挥“数字检察”效能，推动进一步优化“三个结构比”。“三个结构比”中，依程序办案与依职权监督的案件结构比重在转变检察人员履职办案的思维方式，摒弃“就事论事、就案办案”的思维，与数字检察的全局性监督方式天然契合。检察办案人员要加强法律监督模型的应用，通过搭建数字监督模型，挖掘批量类案监督线索，找准执法司法短板、社会治理漏洞，提出更精准、更符合工作实践的检察监督或建议，实现“三个结构比”和大数据法律监督模型互增互补，既通过大数据法律监督破解线索发现难题，又通过优化“三个结构比”推动检察履职高质效发展。

二是加强“三个结构比”的反向审视，提升检察监督履职质效。建议根据“三个结构比”的分析结果，合理调整“四大检察”的履职结构和重点，确保各项检察工作全面发展。如检察监督办案中，履职办案案件来源不仅有依程序移送，还包括当事人申请和检察机关主动发现，而在合理的区间内加强“主动发现案源”的占比，体现出检察机关自主发挥法律监督职能作用的积极性。如在办理审查逮捕、审查起诉案件过程中，通过主动开展羁押必要性审查、提前介入引导侦查取值等方式，切实把依法履行法律监督职责融入检察办案全过程各环节，既进一步优化案件结构比，又助力办案质效不断提升。

三是正确看待“三个结构比”，切不可形成追比赶超之风。“三个结构比”是对一段时间、一个区域的检察机关的“四大检察”履职情况的宏观判断、趋势判断、系统判断，而不同地区之间情况各不相同，如刑事案件的重点罪名不同、行政案件的管辖不同、公益诉讼案件关注保护的重点不同，甚至各基层院规模的大小不同，均有可能影响“三个结构比”的组成。各级检察机关要树立系统思维、辩证思维，深入研究分析并科学运用，切不可将“三个结构比”视为一项具体的数据，一味地追高或追低。

2020年至2024年C市Y区检察建议工作情况分析

姚立明　黄麒麟*

目　次

* 姚立明，重庆市永川区人民检察院检察七部主任；黄麒麟，重庆市永川区人民检察院检察七部检察官助理。

（二）进一步扩大监督对象覆盖范围

（三）进一步推动类案检察建议的多元化应用

检察建议是人民检察院依法履行法律监督职责的重要方式，在参与社会治理、维护司法公正、促进依法行政、保护国家利益和社会公共利益、维护个人和组织合法权益、预防和化解矛盾纠纷、保障法律统一正确实施等方面发挥着重要作用。为进一步落实最高检党组关于一体抓好“三个管理”和“高质效办好每一个案件”的部署要求，发挥检察建议服务超大城市治理现代化作用，现对 Y 区检察院 2020 年至 2024 年的检察建议情况进行梳理，通过对基本特点进行问题分析并提出对策建议。

一、 检察建议的基本情况及特点

（一）制发数量回归合理区间

2020 年至 2024 年，Y 区检察院分别制发检察建议 83 份、126 份、117 份、69 份、118 份，共计制发 513 份。2021 年制发检察建议数量达到峰值，连续两年呈下降趋势。最高检强调“高质效办好每一个案件”、实行“一取消三不再”后，Y 区检察院将有数量的质量和有质量的数量进一步统筹到更加注重质量上，制发数量进一步回归合理区间。

（二）发送类型以纠正违法、公益诉讼检察建议为主

从发送类型来看，再审检察建议 12 份，占比 2.34%，纠正违法检察建议 242 份，占比 47.17%，公益诉讼检察建议 133 份，占比 25.93%，社会治理检察建议 81 份，占比 15.79%，其他检察建议 45 份，占比 8.77%（见表 1）。

表 1　检察建议的发送类型情况

单位：份

	再审检察建议	纠正违法检察建议	公益诉讼检察建议	社会治理检察建议	其他检察建议
2020 年	2	28	41	10	2
2021 年	2	63	31	20	10
2022 年	1	44	18	21	33
2023 年	3	47	12	7	0
2024 年	4	60	31	23	0

（三）送达方式以书面送达为主

从检察建议的送达方式来看，书面送达 476 份，其中 2020 年至 2024 年分别书面送达 77 份、123 份、107 份、67 份、102 份。宣告送达 37 份，其中 2020 年至 2024 年分别宣告送达 6 份、3 份、10 份、2 份、16 份。2024 年宣告送达的占比达到 13.56%，相比 2021 年上升了 11.18 个百分点，但送达方式以书面送达为主的结构每年仍保持稳定。

（四）业务类别以民事、公益诉讼检察为主

从发送的业务类型来看，民事检察制发 198 份，公益诉讼检察制发 137 份，分别占比 38.60%、26.71%；刑事检察制发 48 份，行政检察制发 61 份，未成年人检察制发 64 份，其他检察条线 5 份，分别占比 9.36%、11.89%、12.48%、0.97%（见表 2）。

表2　检察建议的业务类别情况

单位：份

	刑事检察	民事检察	行政检察	公益诉讼检察	未成年人检察	控告申诉	其他
2020年	9	31	0	41	2	0	0
2021年	10	52	4	33	22	0	5
2022年	9	32	18	20	38	0	0
2023年	3	35	19	11	1	0	0
2024年	17	48	20	32	1	0	0

（五）制发对象以行政监管执法部门、公安司法机关为主

从发送对象来看，发送给行政监管执法部门199份，发送给公安司法机关252份，分别占比38.79%、49.12%；发送给企事业单位46份，发送给其他单位16份，分别占比8.97%、3.12%（见表3）。

表3　检察建议的制发对象情况

单位：份

	行政监管执法部门	公安司法机关	企事业单位	其他
2020年	43	31	4	5
2021年	47	63	15	1
2022年	49	48	11	9
2023年	18	50	1	0
2024年	42	60	15	1

（六）采纳率保持较高水平

2020 年至 2024 年制发的 513 份检察建议，均已收到回复，回复率 100%，已回复的检察建议采纳数 513 份，已回复的检察建议采纳率 100%。Y 区检察院着力推动检察建议从“办理”向“办复”转变，所有检察建议均得到采纳，体现了良好的工作质效。

二、检察建议工作存在的问题

（一）检察建议监督领域不均衡

近五年检察建议工作反映出，检察建议的运用存在一定的不均衡现象，这种不均衡主要体现在不同检察业务领域之间的差异。检察建议的制发工作在民事检察和公益诉讼检察方面相对集中，这两个领域成为检察建议运用的“主战场”。民事检察领域中，检察建议被广泛用于纠正审判程序中的不规范行为、督促法院依法执行生效裁判等，为维护民事司法公正发挥了重要作用；公益诉讼检察领域则通过检察建议推动解决生态环境保护、食品药品安全等公共利益领域突出的问题，取得了良好的社会效果和法律效果。然而，相比之下，刑事检察和未成年人检察制发检察建议的数量未能充分体现出应有的优势。此外，控告申诉检察工作在检察建议的制发方面几乎处于空白状态，这反映出对案件中一些潜在的社会管理漏洞的关注度上存在明显不足。

（二）监督对象的覆盖上存在一定的局限

根据《人民检察院检察建议工作规定》，人民检察院可以直接向本院所办理案件的涉案单位、本级有关主管机关以及其他有关单位提出检察建议。目前，行政机关、公安机关和审判机关是 Y 区检察院运用检察建议开展法律监督的主要对象，充分体现了检察建议法律监督的特点。相比之下，检察建议发送给企事业单位和其他单位的情况较少，诚然，检察建议在护航企业发展方面发挥出越来越积极的作用，向企业制发检察建议的占比相对于 2023 年上升了 11.26 个百分点。但总体上来说，对企事业单位和其他单位的监督相对较少，这种现状一定程度上体现了检察建议监督的重点方向，也反映出在监督对象的覆盖上存在一定的局限性。

（三）类案检察建议应用不足

目前，检察建议的制发还是主要以个案为主，即针对发现的单一问题或涉案单位存在的漏洞，向相关单位或部门提出改进意见。这种做法虽然能及时解决个案中的具体问题，但往往局限于案件本身，难以对同类问题进行系统性梳理和整体性治理。相比之下，针对发现某领域存在普遍性、系统性问题制发的类案检察建议的制发存在明显不足，潜力未得到充分释放。

三、完善检察建议工作的对策建议

（一）进一步深化综合履职实现协同发展

时时刻刻把“高质效办好每一个案件”作为检察履职基本价值追求，高度重视检察建议的独特法律监督价值和功能，自觉将检察履职融入国家治理和社会治理。优化内部协作与线索共享机制，强化综合履职理念，形成“四大检察”协同发力的格局。提升刑事检察和未成年人检察的检察建议制发能力；控告申诉部门可结合信访案件办理，针对信访案件中反映的社会治理问题探索制发社会治理检察建议，填补控告申诉检察建议制发空白。

（二）进一步扩大监督对象覆盖范围

以“三个管理”引领高质效制发检察建议，持续完善检察建议业务管理、案件管理和质量管理。全面压实检察官办案责任制，落实部门负责人和分管领导的审核把关责任，牵头部门的管理和监督责任。通过大数据、信息化手段，主动挖掘涉及企事业单位和其他单位的案件线索，建立常态化沟通机制，通过走访调研、召开座谈会等方式全方位了解企业经营中的法律风险和管理漏洞，有针对性地制发检察建议。

（三）进一步推动类案检察建议的多元化应用

树立类案监督理念，注重从个案办理向类案监督转变，从源头上分析问题，提出综合性、深层次的治理建议，推动系统性治理。增强数据思维和数据分析能力，积极借鉴数字检察先进经验，选取务实管用的监督模型，加强应用和研发，通过大数据筛查、类案比对等，深入挖掘类案监督线索，提升精准性和科学性。此外，类案检察建议还应聚焦普遍性、倾向性问题，避免笼统、模糊的表述，确保建议内容具有针对性和可操作性。

《检察业务管理指导与参考》征稿启事

《检察业务管理指导与参考》是由最高人民检察院案件管理办公室和中国检察出版社联合创办的指导性连续出版物，以“加强工作指导、促进理论研究、解决实际问题”为宗旨，坚持理论联系实际的原则，贯彻实用性、指导性和权威性的编写特色，为全国业务管理理论研究者和实务工作者提供交流平台，欢迎广大检察人员、高等院校和研究机构的专家学者以及各界人士投稿。

一、征稿内容和主要栏目

稿件内容为业务管理理论与实务问题研究，主要包括业务管理基础理论、检察改革背景下业务管理的职能定位，案件综合管理、流程管理、质量管理、统计信息管理、业务信息化管理等职能履行方面的理论与实务研究，检察业务应用系统的应用和完善情况、案件信息公开工作的经验及建议等。主要包括以下栏目，具体情况可以结合实际适时调整。

（一）政策指导类栏目

高层声音：中央、最高人民检察院领导关于业务管理工作的重要讲话，最高人民检察院召开的有关业务管理工作会议精神。

领导论坛：最高人民检察院案件管理办公室领导、各省级院领导有关业务管理工作的讲话、调研报告、理论文章等。

理论前沿：司法体制改革背景下，政法部门业务管理总体职能定位、主要任务、发展趋势等方面的研究成果。

政策解读：专家学者或各级院案件管理部门负责人对涉及业务管理工作的法律法规、规章制度进行的深度解读。

（二）业务研讨类栏目

业务研究：对案件综合管理、流程管理、质量管理、统计信息管理、业务信息化管理、人民监督员履职管理等各项职能进行深层次研究。

经验交流：各级检察机关案件管理部门结合实际，创新开展工作的经验做法。

典型案例：在案件受理审查、流程监控、质量评查、业务考评、业务分析研判、人民监督员履职等具体工作中形成的具有典型意义的案例或事例（附工作文书）。

（三）专题类栏目

规章制度：最高人民检察院和省级院制定下发的有关业务管理工作的规定、决定、意见、通知等规范性文件。

专项解答：针对各地业务管理工作中出现的常见问题、突出问题的专项汇总解答。

分析研判：各地围绕检察工作重点，发挥业务管理职能作用，深入开展的业务分析研判。

（四）其他栏目

案管风采：部分先进案件管理部门或者优秀案件管理人员的典型事迹材料。

检察文苑：与检察业务管理工作相关、可读性较强的纪实报告、小说、散文、诗歌、随笔等文学作品。

二、 投稿要求

1. 原创性。本书主要刊发原创的理论和实务文章。稿件如已在其他刊物发表过，投稿时请务必注明刊发的时间和刊物名称。

2. 时效性。要围绕正在开展的业务管理重点工作和亟须解决的问题组织稿件，对业务管理工作具有一定的指导和借鉴意义。

3. 内容适宜公开发表。本书向社会公开发行，请针对文章中的数据、事例等材料认真进行保密审查，防止出现不宜公开或泄密的事件。

4. 数据引用要准确。文章引用的数据要列明来源和出处，确保真实准确。

5. 署名和引注要规范。鼓励作者独立署名，也可刊发合作署名文章，但对 4 人（含 4 人）以上的署名文章一般不刊发或者作集体署名处理；文章的引注请严格依照“注释体例”的要求。

6. 作者信息要完整。应在稿件电子版内（文章结尾处，无须另附文档）直接注明作者详细联系方式，包括通信地址、邮政编码、联系电话、电子信箱等，并附作者简介。

7. 稿件形式要合规。理论研讨文章一般应当在 3000 字以上，稿件电子版（Word 或 WPS 格式）应以“附件”方式发送至投稿电子信箱。

三、 注释体例

注释采用脚注方式，每页不连续编号，以阿拉伯数字加圆圈标志。

（一） 著作类引文注释

作者：书名，卷次，译者，出版社，出版年份，页码。

例如：

①张文显主编：《法理学》，法律出版社 2004 年版，第 38 页。

②史尚宽：《民法总论》，中国政法大学出版社 2000 年版，第 23 页。

③［德］黑格尔：《法哲学原理》，范扬、张企泰译，商务印书馆 1961 年版，第 91 页。

④H. L. A. Hart, *The Concept of Law*, Oxford University Press, 1961, p. 6 – 7.

（二）文章引文注释

作者：文章名，本书作者，所载书刊名，卷次，出版社，出版年份，页码。

例如：

①俞荣根、刘霜：《立法助理制度述论》，载《法学杂志》2007 年第 2 期。

②周光权：《违法性意识与犯罪故意的关系》，载陈忠林主编：《全国中青年刑法学者专题研讨会文集·违法性认识》，北京大学出版社 2006 年版，第 28 页。

③李希慧等：《“轻轻重重”应成为一项长期的刑事政策》，载《检察日报》2005 年 5 月 26 日第 3 版。

④Julius Stone, “Roscoe Pound and Sociological Jurisprudence”, in 78 *Harvard Law Review* (1965), p. 1578.

（三）数字和书名号的用法

1. 除引用原文外，文章中出现的数字（不含序数）均使用阿拉伯数字。

例如：

《中华人民共和国刑事诉讼法》第159条明确规定："对犯罪嫌疑人可能判处十年有期徒刑以上刑罚，依照本法第一百五十八条规定延长期限届满，仍不能侦查终结的，经省、自治区、直辖市人民检察院批准或者决定，可以再延长二个月。"这说明可能判处10年以上有期徒刑的犯罪嫌疑人被羁押的时间最长可达7个月。

2. 法律法规除全称需要书名号外，简称均不加书名号（加括号规定简称的除外）。

例如：

我国刑法中对被害人承诺没有明文规定，应当在立法中予以明确。

《最高人民法院案件审限管理规定》（以下简称《审限管理规定》）中明确规定："审判人员故意拖延办案，或者因过失延误办案，造成严重后果的，依照《人民法院审判纪律处分办法（试行）》第五十九条的规定予以处分。"

四、 投稿联系方式

1. 投稿邮箱。邮件请注明"《检察业务管理指导与参考》投稿"及主题，检察内网发至 agb_ zdyck@ gj. pro，外网发至 agbzdyck@ 163. com。

2. 本刊编辑部地址。北京市东城区北河沿大街147号最高人民检察院案件管理办公室，邮编：100726。

3. 编辑部电话：010 - 65200308。

2025年《检察业务管理指导与参考》征订单

《检察业务管理指导与参考》是由最高人民检察院案件管理办公室和中国检察出版社联合创办的指导性连续出版物，以“加强工作指导、促进理论研究、解决实际问题”为宗旨，坚持理论联系实际的原则，贯彻实用性、指导性和权威性的出版特色，为全国业务管理理论研究者和实务工作者提供交流平台。

2025年《检察业务管理指导与参考》全年6辑，每辑定价40元，全年定价240元，面向全国公开发行。现2025年征订工作已经开始，欢迎各级人民检察院和相关部门订阅。各订阅单位可通过中国检察出版社官网（www.zgjccbs.com）进行网上订购，也可采用纸质订购方式，汇款后请填写订购回执单（见下页，复印有效）并传真至出版社。

中国检察出版社

2024年11月

2025 年《检察业务管理指导与参考》订购回执单

<table>
<tr><td>订购单位名称</td><td colspan="3"></td><td>经书人</td><td colspan="2"></td></tr>
<tr><td>地　址</td><td colspan="3"></td><td>电话
（手机）</td><td colspan="2"></td></tr>
<tr><td>单位统一信用代码</td><td colspan="2"></td><td colspan="4"></td></tr>
<tr><td>电子发票接收邮箱</td><td colspan="2"></td><td colspan="4"></td></tr>
<tr><td colspan="3">书　名</td><td colspan="2">定价</td><td>订数</td><td>金额</td></tr>
<tr><td colspan="3">2025 年《检察业务管理指导与参考》</td><td colspan="2">240.00</td><td></td><td></td></tr>
<tr><td>合计金额</td><td colspan="6">万　　　仟　　　佰　　　拾　　　元　整</td></tr>
<tr><td colspan="7">备注：款到三个工作日左右，发票发送至您的邮箱！</td></tr>
</table>

订购方式说明

第一种：网站订购（www.zgjccbs.com）（不用发传真、款到开票）
1. 网站下单，直接在线支付（微信、支付宝）
2. 网站下单，银行汇款需备注订单编号后 6 位数字
网站订购负责人张惠 010–86423745、18101137669 技术咨询 010–86423763

第二种：微信订购（仅支持微信在线支付）
1. 使用微信扫描右侧二维码可直接在线订购
2. 了解最新书讯请关注“中国检察出版社”微信公众号

第三种：传真订购
书款汇至出版社账号后，务必将回执单填写完整并传真至 010–68659465

中国检察出版社账户信息
户　名：中国检察出版社有限公司　　**账　号：**11050164860000000056
开户行：建设银行北京西山枫林支行　　**行　号：**105100050751

中国检察出版社各省订购负责人：
盛　丹 010–86423727 18101137660（微信同号）传真 010–68659465
（北京、天津、山西、陕西、河北、黑龙江、吉林、辽宁、内蒙古、青海、山东）
董艳芬 010–86423726 18101137661（微信同号）传真 010–68659465
（河南、浙江、江苏、安徽、上海、福建、甘肃、江西、新疆、西藏）
薛建娜 010–86423728 18101137662（微信同号）传真 010–68659465
（广东、广西、海南、重庆、四川、云南、贵州、湖北、湖南、宁夏）